JN411069

태양의 뒤편

문학의전당 · 시인선 83
태양의 뒤편

초판인쇄 2009년 10월 20일
초판발행 2009년 10월 25일

지 은 이 유행두
펴 낸 이 김충규
펴 낸 곳 문학의전당
출판등록 제387-2003-00048호(2003년 9월 8일)

주　　소 121-718 서울특별시 마포구 공덕2동 404번지 풍림VIP빌딩 202호
전화번호 02-852-1977
팩시밀리 02-852-1978
블 로 그 http://blog.naver.com/mhjd2003
전자우편 mhjd2003@naver.com

I S B N 978-89-93481-40-2 03810

*이 책은 2009년 한국문화예술위원회의 창작기금을 받아 제작되었습니다.

태양의 뒤편

유행두 시집

문학의전당

自序

장을 담갔다.
깊은 맛이
우러나기까지
한참이나 남았는데
아무 때나 먹먹했고
함부로 넘어졌다
나를 일으켜 세운 건
내일이라는
희망 하나.
깊은 맛 우러나지 않은
간장 한 술
내어 놓는다.

차례

1부 구불구불 오다가 멈춰 선 여기

2부 아주 옛날에는 사람이 안 살았다는데

3부 태양의 뒤편

4부 현미경만 들이대도 들통 나는 이야기

1부 : 구불구불 오다가 멈춰 선 여기

內동 629번지

외발 리어카에 어둠을 담고 골목을 오른다
골목이 내 모습처럼 흔들린다
이 어둠을 밀어내고
늦도록 돌아가는 아내의 미싱 소리
아내는 끊어지는 윗실을 바늘귀에 끼우며
띄엄한 삶을 깁고 있을 것이다
북집에서 밑실 한 가닥 뽑아 꿈을 기웠던 친구들도
되돌림질에 헐어 이제는 이 골목을 오르지 않는다
흔들거리는 골목을 혼자 오르며
조임새를 맞추고
삐걱이는 꿈을 다독여 눕힌다
피댓줄을 끼우고 헛도는 북집에 기름도 친다
아내도 가끔
드르륵거리는 미싱 소리처럼 끓어오른 가래침을
하청 받은 삶 위에 카악
뱉어버리고 싶었는지 모른다
무좀 걸린 아내의 미싱 소리 소복한 오르막 끝 집
골목을 꼭 잡는다
실눈 뜬 아내 서녘 끝 초승달에 生 한 가닥 끼우고 있다.

솟골

솟골엔 재수 없이 둘이만 산다
광대뼈 골 높은 서황댁이랑
뻐드렁니도 없어 밥알 녹여먹는 모동댁이랑
앙살스런 과부 이가 서 말이라고
서황댁 흉보는 모동댁
마늘밭 고랑에서 무릎 시리다 푸념하고
모동댁 아들 없다 무시하는 서황댁
박힌 우물 차지하고 파뿌리 다듬는다
솟골에
솥단지 하나씩 걸어놓고
바람소리에 개 짖으면 서황댁
이민 간 아들 같아 삽작문 밀어보고
구름 내려앉아 도둑고양이 처마 밑 기웃거리면
모동댁
미운 척 밥 한 술 던져준다
아랫동네 염쟁이영감 새끼 꼴 힘이라도 남아 있을 때
죽어야 한다고
속없는 아랫배에 쪼글쪼글한 말 집어넣고
서황댁 모동댁
먼저 죽기 내기한다

메아리도 꼴딱 넘어가지 않는 숫골
서황댁 모동댁
징글징글 산다.

소프라노 빵집

공갈빵 빵빵하게 만들어놓고 꽈배기처럼 웃는
우리 동네엔 빵집 아줌마가 있어요
반죽이 부풀어 오르듯
아줌마의 고음이 자주 부풀어 오르는 빵집이에요
그녀의 고음이 우리 집 방바닥까지 부푼 다음날엔
시퍼런 눈두덩에 반죽은 얼마나 치댔는지
빵이 질겨져 있어요
그녀의 남자가 뒹굴뒹굴
담배연기로 밀어올린 도넛에
그녀의 구멍 난 삶이 보이기도 했어요
가끔 웃을 때 보았던 어금니 빠진 자리에
눈물을 담아 놓았다가 삼켜서인지도 몰라요
마늘빵에서 쨍그랑,
그녀의 목소리가 씹힐 때도 있어요
언젠가 오케스트라 연주회 때
스프링 자국 선명한 드레스를 입고
서툰 노래를 불렀던 소프라노처럼
자격증에서 웃음 짓는
그녀의 삶이 서툴어도 보여요
목욕탕에서 허벅지에 시퍼런 스프링 자국을 보기도 했어요

그런 날이면 소프라노 빵집에도 셔터가 내려져 있어요

며칠째 소프라노 빵집
셔터가 내려져 있어요
노릇노릇 잘 구워진 공갈빵처럼
듬성듬성 통깨 같은 아이의 웃음을 핑계 삼아
삶을 빵빵하게 발효시키고 있는 건 아닌지
혹시 모르겠어요.

금의암

대문이라고
진짜 대나무 대문 열고 들어가
가리지 않은 책 묶음에 책물이 무명옷 다 적실 때까지 한 삼 년 보낼 수 있다면

얼룩진 황토방에 선녀 옷 훔쳐보지 않은 나무꾼이 긁어 놓은 군불 지펴서 호랑이가 물어도 씹힐 것도 없는 뼈마디 다 녹을 때까지 한 삼 년 단잠 자 봤으면 싶다네

풍경소리 금동산 그네 타고 다니면 울타리도 서까래도 없는 금의암, 라일락 연산홍 나풀대는 마당가 한 서너 달 흙이 돼도 외롭지 않겠네

여승 웃음 한 방울 내 볼에 묻히고 색깔 냄새 다 잃어 마음 다친 옛 동무랑 실없이 한 사흘 웃어 본다면

초승달에 걸터앉은 여우 우우~ 단풍잎 적셔도 아무 곳도 떠나지 않을 한산한 가슴 서너 시간쯤 가져본다 해도

대문이라고

진짜 대나무 대문 있는 그곳에
한 삼십 분 다녀와서 삼십 년쯤 생각해도.

간이공원

쥐똥나무 울타리 아래
아직 잔설 분분한데
쨍그랑, 할머니들
10원짜리 다보탑에 둘러앉아
쨍그랑

바람기 묻은 매화꽃 꼭 쥔 101호 할머니
등거리에 햇살이 굴러 내리도록
난초는 놓지 않는 402호 할머니
더 탕진할 것도 없는 쭉정이 쌓아놓고
모오리돌 오물오물 굴린다
906호 할머니

밥 때 지난 신도시 옆구리에 끼인 채
흔들흔들
生을 조등처럼 걸어놓은 봄.

태종대에는 바다가 없다

등대는 있는데 바다가
보이지 않아서

–서울시 도봉구 강인순 왔다 감
–영숙이는 키스하면 혀를 뭅니다
–전화해도 안 받을걸! 101–888–4295

바다가 벗겨놓은 아슬아슬 바위에
차마 버리지 못하고 매달렸던 자국들

바다를 만나러 갔는데
바다가 사라져
순환도로 기어올라 다시 걷는다

오륙도 가뭇, 배 한 척
무적소리 기다랗게 수평선을 긋는다.

가야교차로

구불구불 오다가 멈춰 선 여기
신호등이 좀처럼 바뀌지 않는다
희미한 이정표엔
직진하면 신라로 가는 길이라 하고
가야가 사라진 낙동강 갈대밭으로도 이어졌다 한다
좌회전 신호 끝에는
여섯 옹주를 낳았던 왕비가 한 맺혀 불어놓은 입김처럼
안개에 젖은 도시가 있다고
그곳엔 오래전 이 도시를 다녀갈 때
걸음이 느리면 역사 속에 남겨 놓고 그냥 가버린다던
유적을 안내하는 여자가 산다
우회전 신호 옆
수레바퀴 굴리는 토우 그림집엔
가야금 열두 줄로 우륵이 위로하던 왕비는 없고
탬버린을 흔들며 여자가 일한다
여자의 가슴 아래 배불뚝이 전광판
분분한 설화가 썰물에 씻겨가다가
소라 몸속으로 숨을 때
어느 입 큰 사람이 초장도 찍지 않고 꿀떡 삼킬 듯한
횟집 광고가 한창이다

후에, 엄마는 미역국 드셨는지 우쨌는지 나는 잘 모르고

막차 타고 새벽에 온 막달언니
미아리고개 노래도 서울말로 안 하구요
기적소리 날 때마다 놀란 척도 않구요
기차보다 자주 우는 아기는 기차통보다 오줌발 굵은데요

문디, 기차 뒤통수 삿대질해봐도
나는 몰라라우~ 암것도 몰라라우~ 기차는 얄밉게 멈출 줄 모르고

진짜 막딸 내 이야기 언니들 이야기랑 다음에 묶어서 하기로 하고.

봉황대

새벽, 봉황대 오른다
길섶 으악새에 이슬이 달려있다
누가 하다만 이야기를 뱉어놓은 무덤일까
금방이라도 떨어져 흩어질 것 같다
뿌리 쪽에서 불개미 한 마리 기어오른다
아직 어린놈인데 입술을 악물고
아슬아슬 풀끝에 올라선다
낭떠러지를 내려 보다 허공을 더듬는다
끝내 멈출 수밖에 없는 두어 뼘쯤 되는 거리가
개미에겐 까마득 고공이리라
길 없음
되돌아가는 가야사의 마지막 이야기도
해반천에 떨어져 신라로 흘렀으리라
또르륵, 이슬이 구르다 떨어진다
비 비린내 묻어온다
시누대도 바람에 몸을 맡긴 아침
백합 하나, 재첩 둘, 굴 다섯
떨어진 가야를 줍는다
내 뒤에는 얼마나 투명한 이야기가 남겨져 있을까.

누에의 집

어둠이 해물레를 돌렸던 봄이었을 것이다
막잠 끝낸 누에 따라 섶에 든 어머니
누에들의 흰 벽이 둥글어져 갈 때
뽕밭 오디도 까맣게 익어갔다
느지감치 자리에서 일어나
세상 밖으로 나온 누에고치들
어머니의 누에는 보이지 않았다
생애 가장 연한 순을 빼앗긴 오디처럼
내 기다림도 까맣게 익어갔다
누에들이 하얀 껍질을 쌓아가는 동안
어머니는 무얼 하고 계셨을까
얼레가 돌고
생사가 비단으로 빛이 익어 갈 때까지
집 한 채도 짓지 못하는 어머니
아직도 못다 지은 하얀 꼬치 속에서
반 토막 단단한 껍질을 보이며
밤마다 빛을 풀어내는
그곳엔 누구도 면회가 되지 않는다.

빗살무늬토기

박물관 마당에
금방이라도 흙물이 배어나올 것 같은
빗살무늬토기가 구워지고 있다
신석기 시대에 가족을 남겨놓고
가야국에 끌려온 시녀의 표정이다
시녀의 광대뼈에서 장작불이 불거진다
짐승의 뒤를 쫓던 사내의 숨소리
나뭇잎을 건드리던 아이의 울음소리가
스르륵 무너진다
빗금 진다
내 몸에도 빗금이 많아
가슴은 부끄러움으로 달아오르고
돌아보지 못하는 등짝이 시리다
나는 남의 가슴에 얼마만큼의 빗금을 그으며 살아왔는가
토기를 굽는 사내들이 시간을 가끔 휘젓는 동안
나이 들수록 번들거리는 가슴을 쬔다
타오르던 가슴이 기우뚱 무너진다
시간을 갈라놓은 빗금 많은 도시에 갇혀
시녀는 난바다의 주름을 새기고 있는지 모른다
박물관 위를 지나는 철기시대 구름이 미끄러진다

빗살을 긋는다.

가을 하늘 공활한데
–전깃줄에 참새, 쪼그려 앉았다

발바닥 굳은살에 음계를 튕긴다

고부랑고부랑 오르내리는 풍년가 대신 트렉터 엔진 소리만 들판을 휘젓는다 벌써 몇 시간째인가 육중한 저 기계는 낟알 한 알도 흘리지 않는다

이젠 내가 부르지 않아도 휴대폰에선 60화음 새타령이 멋들어지게 흐르고 구부러진 아스팔트에 분교 아이들 높은음자리표 듬성듬성 던지며 지나간다

몸 누일 곳 걱정 않던 노적가리
이제 없다
사각 볏짚만 드문드문 들판에 뒹군다
한물 간 트로트라도 전깃줄 튕겨가며
목이 터져라 짹짹거리고 싶지만

훠이훠이 날아간다
아무도 귀 기울이지 않는 노래 후렴이나 부르면서.

치매병동

사마귀 기도할 때 가까이 말라
날카로운 손을 모은 게 아니다
서걱서걱 밑동 없이 동족을 먹는다
유충이 먹혀도 보지 못한다

사람도 어느 날은 기억 속에 먹힌다

어머니, 조기대가리 우걱우걱 씹으시더니 심장에 비린내 한 점도 바르지 않으시더니 반구형 겹눈, 살점 없는 턱으로 으르렁 짖으시더니 어느새 길다란 고집이 빠지고 마침내 혼을 배 허물을 남기시네

문득 등이 쓸쓸해, 돌아보면 동그랗게 굽으시는 어머니, 한참이나 가는 다리에 가느다란 삶 부려놓고서 홀가분하다고 주섬주섬 옷가지 챙기시더니 반짝 기억 속에 누워만 계시네

허물허물 낡으시는 어머니 사위잠이 평안하시네.

神魚야 놀자

이천 년 이전 바람 불던 날 숨어들었다는

神魚 찾아 은하사 오르네 휘파람 불며 연밥송이 출렁이는 연못 지나니 바람이 비를 묻혀 달려오네 지난 비에 일그러진 일주문은 대웅전 옆 마당으로 옮겨 누웠네 비린내 한 토막 묻은 곳 없었네 이곳에 삶이 저당 잡힌 보살님께 신어행방 물어보니 항아리 뚜껑만 다독다독, 상사화는 놀란 척 꽃술만 끔뻑끔뻑, 배롱나무는 연분홍 입술만 간질간질

밤은 이슥이슥 참비둘기 울음에 묻어오는데

폐교에 기대어

빨간 크레파스 울퉁삐죽 튀어나온 포스터, 여기 적힌 상금이면 이승복 동상 찢어진 바지 새 걸로 갈아입히고도 목구녕에 껄껄한 보리밥 집어넣지 않아도 되는 돈이라는 걸 알고 있었지

붉은 색깔 가진 사람이 간첩이라고, 해서 마빡에 막걸리 냄새 뻘겋게 묻히고 다니시던 이장 아저씨가 빨갱이인지 맨드라미꽃 주렁치마에 그려 다니던 강영희 선생님이 빨갱이인지 뻘건 눈알 이리저리 굴리고 다녀도 누가 간첩인지 알 수 없었어

뜨신 물에 우유가루 헐렁헐렁, 건빵 한 바가지 푸스슥 깨사먹는 점심 급식시간, 서울에서 전학 온 국희가 우짜다가 도시락 뚜껑에 지 밥 반이나 푹 떠서 담아주면 야는 진짜로 간첩이 아니라고 튀어나온 눈알 집어넣고

물기 빠진 똥구녕에서 찌글텅쭈글텅 방귀 몇 번 빠져나가고 나면 편한 자세로 책 펴고 앉으신 세종대왕 동상 아래 앉아

빨간 사람 보이면 신고해 주시기 바랍니다.

간첩을 찾습니다…간첩을 찾아요…간첩을…

우리기

기따먼당 개암나무 고소한 생각을 익혀가는 동안
여시박골 망개 덩굴 떫은 생각을 우려내는 동안
논밭을 팔아 도시로 이사를 했습니다

농바위골 고추 맵싸하게 익어가는 동안
매운 눈물 흘릴 줄 알게 되었고
텃밭 매화나무 신맛을 우려내는 동안
매실주는 담글 줄 모르면서
안주 먹는 법은 배웠습니다

아버지 상여 따라 울며불며 가는 우리기
고소한 말 잘하시던 이장 영배 아부지
떫은 말 좋아하시던 경자 아부지
세월을 팔아 나란나란 무덤으로 이사를 했습니다

개암나무 매화나무 망개덩굴 고추밭이 사라져 가는 동안

2부 : 아주 옛날에는 사람이 안 살았다는데

딱지

길을 가다 넘어졌다. 청바지가 찢어지고 무릎 살이 패였다. 아픈 것보다 넘어질 때 포즈가 더 창피했다. 상처도 없으면서 아픈 어깻죽지보다 딱지 낀 무릎을 꿇고 바닥을 걸레질하는 게 더 불편하였다.

코딱지만 한 집에 빨간 딱지가 붙을 때도 그랬다. 식구들이 찢어지고 현관문이 패였다. 배고픈 것보다 망했다는 게 더 창피했다.

상처를 숨겨놓은 남편의 가슴보다 세상에 무릎을 꿇고 바닥을 기는 것이 더 불편하였다.

발가락에 걸레를 끼워 바닥을 닦을 때마다 냉장고에, 장롱에, 전기밥솥에… 구르지 못하는 승용차 바퀴에… 딱딱한 포즈로 붙어있던 딱지들… 근질거렸다. 뜯고 싶어… 슬그머니 상처를 들출 때마다 시골집에 맡겨 놓은 아이의 울음소리가 피고름처럼 흘렀다.

꾹, 도장이 잘못 찍힌 등기필증을 남의 손에 넘겨주고 게딱지처럼 세상의 옆으로만 자리를 옮겨 다녔다. 딱지 아래 시꺼먼 화를 뜯어낼 때마다 하얗게 무언가 차오르는 게 보였다. 쉬 아물어지지 않는 상처에 새 살이 돋는지 삶이 자꾸 가려웠다.

칼라 바람이 부는 흑백 사진

머리칼이 구불구불한데요
바람은 버즘나무에 매달려 있어요
화단에 맨드라미 여전히 붉은데요
고개가 왼쪽으로 기울어져 있거든요
그러니까 햇빛을 마주 보고 섰는데요
어머니, 조금 웃었으면 좋겠는데요

눈 깜빡일 때마다
버즘열매는 떨어지려는데요
뒤편 무지개는 금방이라도 흩어질 것만 같은데요
나는 어머니 오른편에 뛰어 가야 하는데요
어머니와 나 사이
행인1, 행인2
어머니 돌아선 등에 햇빛이 반사되고 있는데요
이런!

아무도 보이지 않는데요
등이 따가운데요
사진기를 팽개치고 뛰어가는 나는
아무래도 웃지는 못할 것 같은데요

기다려주지 않는 부모가
세상에는 더 많이 있다는데요.

생의 포즈

내가 출연하는 드라마의 작가는 하나님
연출감독 부모님과 자주 다투신다
하나님이 써준 각본대로
죽어야 하는 장면이어서
내가 죽는 시늉을 하면
저 장면은 내 자식에게 맞지 않다고
항의하는 연출감독 때문에
몇 번이나 NG를 내다가
결국 목이 달아나 버렸다
그래서 내가 출연한 단 한 번의 드라마는
방영되지 못했다
녹화도 하지 않은 생방송이어서
나는 나름대로 온갖 포즈만 취해보다가
역할이 끝나버렸다
그래서 삶이 저장되지 않는
일회용 드라마에 엑스트라라도 출연하고자
하나님께 가끔 무릎을 꿇는다.

우리 집에 도둑 오면

시집올 때 할부로 장만한 세계문학전집 3권
부활을 열어보시오
세상 몇 바퀴 돌다 온 세종대왕 지폐가
허리띠를 풀어놓고 누워있을 게요
내 일용할 양식이요 필요하다면
빚이 볼록한 신용카드도 드리리다
자본주의 세상엔 언제나 황사가 심하오
그러니 임대아파트 20층에선 내려나보지 마시오
아래가 보이지 않으니 다행은 아니겠소
난간이 삭았으니 조심도 해야 하오
당신이 이곳으로 올라오는 동안
하나님은 쉴 새 없이 당신을
감시 카메라에 담았을 것이오
더 오를 곳 없소
까쮸사의 독방처럼
풀려날 수도 부활할 수도 없는
임대아파트에 끼인 나
가져가시오 제발
톨스토이는 나를 싫어하는 게 분명하오.

정전

몸이 깜깜하다
퓨즈가 나간 모양이다
욕실 청소할 때
심장에 튀어간 몇 방울 물이 원인인지
다리미에 밥통에 전자레인지에
부풀어진 위장이 문제인지
타다 만 전기냄새가 자욱하다
가끔 머리카락으로 정전기 지나갈 때
눈치 챘어야 했는데
아무것도 만져지지 않는다
어둠에 삭아가는
내 마흔
서른
스물
·

한 사람은 가고 한 사람은 잠시 머물다 소란하게 떠나버렸고 한 사람이 까마득한 어스름에 누웠는데
깜빡, 아이 울음소리

몸이 환하게 열리고 있다.

이별

새벽에 배앓이를 했다
다리도 못 뻗고
분간 못할 고통이 적막을 흔들었다

포르말린에 절은 사내
잘못 먹은 게 없냐고 한다
생각해 보니
어젯밤 먹었던 마른 사랑 한 공기
한 대접 식은 눈물
꼬들꼬들해진 기억 몇 개
그게 어떻게 잘못된 건지
두 시간 새벽 보낸 응급실 문 나서는데
빠알간 홍시가 서리에 맞아
바닥에 떨어져 죽어 있다
물크러진 내 뱃속처럼.

오월

프라이팬에 고등어가
대가리는 떨어지고 꼬리도 달아나고
식용유에 철퍼덕 누워 있는데

아버지는 없고 어머니는 달아나고
식탁도 아닌 두레밥상에
아이는 할머니 한숨 위에 수저를 드는데

노릿노릿 슬픔이 익어가고 있는데
주인집 무화과는 언제쯤 익어갈까
생각하고 있는데
대문 옆에 묶인 개
밥상 쪽을 바라보고 짖어대고 있는데

이놈의 몸뚱이
뒤집어 누울 때가 지났는데
왁다글닥다글 바람만 햇살을 뒤집고 있는데

어질어질한 봄은 지랄지랄 타는데

오케스트라 감상법

요한스트라우스를 잘 모르는 관객에게
바이올린과 드레스는 어울리지 않는다는 것을
비올라와 양복은 어색하다는 것을
들키지 않기 위해
지휘자는 바쁘다
트럼펫이 쉬는 동안
플룻을 부는 여자를 위해
색소폰이 우는 동안에도
박수는 길게 쳐야 한다는 것
곧추앉은 앞 사람에 가려져
지휘자의 모습이 보이지 않더라도
C석에서는 기대앉지 말아야 한다
생은 짧고, 행렬이 긴 장례식에서
가끔씩 웃는 사람을 위해
뻐꾸기가 우는 크라펜 숲도 생각해주어야 한다
간혹,
긴 드레스에 둘러싸인 스프링 자국에 목소리가 튕겨
C석까지 울려오는 이집트 행진곡이
점점 여리게, 점점 강하게 들려와도
두고 온 가족을 생각하는 군인의 구둣발소리와

줄선 바지도 기억해주어야 한다
곡비는 우는 게 본분이듯
지문이 닳을 때까지
박수는 멈추지 말아야 한다
비엔나 숲 졸음 소리 들려와도
송가는 한 템포 느린 박자로 과장해야 한다
마지막 인사를 받고도 다시 돌아와 박수를 받는 지휘자
나시 돌아올 수 없으면서 인사도 하지 않고 떠나는
생은 짧고 길이 긴 장례식에서는
박수를 끝까지 쳐주어야 한다.

빨치산의 독후감

실직…그리고
지리산 7권 168쪽*을 읽는다

글자들이 흩어진다
어느 골짜기를 넘어야 할까
동면에 들지 못하고 쫓기는 토끼처럼
발자국만 찍어둔 채
더 이상 저항할 방법을 잃었다
어둠 쌓인 동굴엔
더디게 봄이 온다, 이제는
누군가의 입속에 손을 집어넣어야 한다
가느다란 활자 사이
녹을 길 아득한 빚이 쌓였다
내 이념이란 오직
살아있는 가족들의 뱃속을 채워주는 것
용역사무실을 일 없이 나서는 아침마다
창자 속에서 오래오래 굴러가던 만월을 생각했다
그렇다고 백개최서방새처럼
소리 내어 울 수 없는 일
출금액 흐트러진 봉우리를 넘는다

아껴두었던 숫자를 모두 긁었다
이월,

통장 뒷면, 마그네틱을 벗긴다
오물오물 이虫,
지리산을 넘는데 몸이 자꾸 가렵다.

*식사 중에 급습을 당한 듯, 다섯이 다 밥을 입에 물고 있고 밥이 담긴 냄비가 근처에 있었다. 밥은 얼긴 했으나 상한 것 같지 않았다. 대원 한 사람이 덥석 밥을 손으로 움켜 입에 넣자 다른 대원들도 벌 떼처럼 달려들어 눈 속에 흩어진 밥알까지 하나 남기지 않고 순식간에 먹어 치웠다. 다음 순간 대원들은 시체에 달려들어 시체의 입속에 있는 씹다 만 밥을 꺼내 먹기 시작했다. 시체의 입술에 묻어 있는 밥알까지 말끔히 거둬 먹었다.

밤

임대아파트 피뢰침에 하현달 오른다
달을 따서 아이 품에 안겨놓고
밤을 깎는다
두꺼운 껍질을 벗기는 데 익숙하지 않아서
어둠에 스친 손이 밤나무 잎 닮아간다
이 밤에서 미끄러지다 보면
내 모양도
내가 깐 킬로그램 구백 원짜리 밤알처럼
찌그러지고 물크러져 볼품없을 테지만
저 달이 다시 둥글어
망망 지구 돌 즈음
동그랗게 채워질 아이의 젖병

사그락 손끝에서 밤비늘 떨어진다

잠든 아이 몰래 달아나는 달
밤이 하얗게 벗겨지고 있다

짐

하나님, 누구 것입니까? 발신자 없는 등짝엔 에덴동산 주소가 적혀 있는데, 저한테 온 게 아닌 줄 알면서 허락 없이 풀어본 죄로, 너무 일찍 탈이 나서 물크러진 삶, 무거워서 들지도 못하는 生, 쓰레기통도 꽉 차서 버릴 곳 없는데, 대학병원 중환자실은 보관료도 비싼데, 하나님, 누가 이 짐을 저에게 잘못 보낸 것일까요? 주인 좀 찾아 주세요 네?

키스

혀끝으로 그녀를 더듬는다
시꺼먼 약 냄새가 올라온다
벼랑 끝에 매달린 그녀의 생이
자꾸 말려 들어간다
아득해진다…아득해진다…
그녀를 끝까지 물고 늘어지고 싶다
아이에게 백설공주 동화를 읽어준 여자
입맞춤으로 공주를 살려낸…살려낸…
왕자가 되고 싶다
억지로 목구멍에 밀어 넣었던 것들
그녀가 목젖으로 꿀꺽, 삼켜왔던 것들이
벼랑 아래 흥건히 젖어 있을 것이다
벼랑 끝에는 철벅 떨어진
깜깜하고 붉은 것들이 기다리고 있을 것이다
바짝 말라버린 그녀의 삶을 쓰다듬는다
더 이상 물고 늘어질 수 없는 죽음이
그녀를 꿀꺽, 삼킨다

이승으로 혓바닥을 가져온다
눈물 맛이 남아 있다

뒤척이다 잠이 들지 못할 것임을
안다.

아날로그 텔레비전

배 볼록한 20인치 검은 드라마
늘 누워있는 남자 옆에서
아이는 거무스름하게 웃고
NG가 잦은 여자는 라면을 또 끓인다
화면조정시간 없는 이 텔레비전은
가끔은 흐릿하고
때로는 치지직 흔들리면서
실시간 방영 중이다
시청률은 저조하고 내용도 진부한 드라마
단방향 드라마

주인공의 죽은 모습이 엔딩으로 남겨져 종영되었다 광고 속으로 문상객이 다녀가고 소리를 내지 않는 제약회사 약봉지만 이 드라마의 끝을 알리는 화면, 연이어 안내하는 심야토론엔 주연을 맡았던 남자의 볼록했던 뱃속을 주제로 직렬식 말을 필름에 감을 것이지만

재방영 안내는 어디에도 없다
플러그 하나에 목숨 이어진
전원을 누른다

아직 따뜻한 텔레비전 위
못난이 인형이 거무튀튀하게 운다.

추어탕 끓이기

두 사람이 비켜가지 못하는 주방에
냄비가 놓였다
나를 기다리는 生은
가만있던 아이도 울음 우는 어스름녘
살고 싶어 발버둥치는
미꾸라지에 소금을 뿌린다
뻘밭을 기억하는 저녁은 소금 같은 것
하루의 삶이 빠져나가지 못하도록
무언가를 숨죽이려는
우울증에 시달리던 연예인 자살 소식을
끓는 물에 넣는다
종일 파마약에 찌든 몸을 이끌고
뼈다귀 해장국집에서 속 끓여야 할 언니도
어둠처럼 쟁여 있는 빚덩어리도
이 미끈거리는 삶을 믹서기에 넣는다
자주 눈물 나는 일이 있더라도
땡초는 잘게 다져 넣을 것
우거지, 토란대, 고사리, 숙주
한때 쪼글쪼글했던 이 줄기들도
퉁퉁 불어터진 울음을 이겨내어야만

저녁도 배가 불러 잠이 들 것이다
불빛이 제일 먼저 달려든다
숟가락에 얹힌 매콤한 삶
후후 불어본다.

얼룩

대형할인매장에 젖소가 서 있다
통통 부은 젖무덤에서 금방이라도
희뿌연 슬픔이 주룩, 흘러내릴 것 같다
진열장 위로 자리를 옮겨오면서부터
젖을 짜야 할 이유를 잊어버렸을까
돌아가야 할 곳을 잃어버린 소
매장을 둘러본다
카트를 미는 새댁의 등에
모음을 뱉어놓고 잠이 든 아기가
대롱대롱 매달려 있다
새댁의 등만 따라다니는 젖소의 눈동자
한때 나도 엄마였다
새끼를 산부인과에 버리고 도망친
통통 불어터진 젖을 짜내지 못해
젖몸살을 하기도 했던
집으로 몸뚱이를 옮겨오면서
젖을 짜내어야 할 이유를 잊어버린
부끄러운 젖소였다
기억에 통통 불어터진 엄마였다
얼룩얼룩한 슬픔이 싸르르 돈다.

아주 옛날에는 사람이 안 살았다는데
–해님달님

떡 하나 주면 안 잡아먹지
어머니를 따라다닌 건 호랑이만이 아니었어요
큰언니 해 거른 중학교 입학금 날름
아버지 늑막염 치료비 날름
작은언니 공장에서 철야에 야근에 부쳐온 돈 날름날름
내 사춘기 앞에서
어머니까지 꿀꺽, 삼켜버렸어요
어머니 옷을 갈아입은
가난이 흰 손을 내밀었어요
동생과 나는 도시로 도망갔어요
가끔씩 교회에서 튼튼한 동아줄 대신
돈을 달라고 기도했어요
하나님은 돈 대신 질긴 삶을 던져 주었어요
내 삶을 뒤쫓아 오는 무서운 가난이
임대아파트 꼭대기까지 따라 올라 왔어요
수수밭에 떨어져 핏물을 들이는 대신
빨건 눈을 치켜뜨고 자꾸 나를 따라와요
더 이상 올라갈 곳이 없어요
우리도 해님이 달님이 될 수 있나요?

받아쓰기

아버지라든지
부탁한다라든지
엄마는 늘 어려운 낱말만 불러 주었다
한 번도 만점을 받아보지 못한 나는
돈이라든지
기다린다라든지 가끔은
보고싶다라는 낱말을 덧붙여
우체국으로 갔다
글자를 쓸 줄 몰랐던 엄마도
알고 있었을 것이다
채점을 맡은 언니들이
틀린 답인 줄 알면서 그려 보낸 동그라미에
제발이라든지
떠맡고 싶지 않은 고향집의 주름 이야기라든지
도시에서는 숨기고 싶은 이야기를
첨삭해 보냈다는 걸
술 취한 아버지의 꼬부랑 낱말을 몰라서
나처럼 살지 말아라라든지
소를 팔았다라는 짧은 문장은 불러주지도 못하고
점심때를 겨우 넘기기도 전
엄마는 서둘러 生 밖으로 떠나버렸는지 모른다

3부 · · · 태양의 뒤편

백양나무

허연 뼈 드러낸 둥지 무릎에
콩새가 집을 짓는다
밤낮 쉴 새 없이 쪼아대더니
연골을 파내고 들어앉았다
아직 머언 먼 닿지 않을 봄인데
서리 오는 소리라도 들은 것일까
도무지 움직이지 않는다

나는 기억한다
옹이 간질이고 돋은 잎 더듬이며
둥지 찾던 소리와
되돌아 허공 맴돌던 날개의 애처로운 몸짓
그때엔
늑골 떼어 쉬게 해 줄
빈 마음 한켠 없었다는 것을

살점 하나 남지 않은 시린 어깨에
하늘이 내려앉는다
쓰린 마음 가만히 무릎에 대어본다
깃털이 따스하다.

두더지 게임하는 봄

기름 값 오르고 뽕, 쌀값 오르고 뽕, 아래층에서 바퀴벌레 올라오고 앞집 남자 바람나고 뽕, 꽃은 환장하고 뽕, 뽕, 때리기도 전에 뽕, 내려가는 건 없고 뽕, 헐레벌떡 부동산 예쁜이이모 뽕, 증권회사 뽕, 빨간 불이 뽕, 올라오고 뽕, 뽕, 횟집 수족관에 숭어도 따라 뽕, 망치 잡고 뽕, 맞아도 내려가지 않는

세상은 때릴 것이 많아, 맞기 전에 다투어 뽕, 뽕, 목련에, 개나리에, 벚꽃에, 뽕, 뽕, 뽕, 어쩌자고 뽕, 감출 수 없는 나이도 따라 뽕, 오르고 뽕, 뽕

맞지 않아도 내려가는 탱자나무 울타리집 할아버지 봄만 풍맞아 구멍 속을 파고드는

게임 끝난 점수판에 빨간 불이 뽕…뽕.

봄바다

노점에서 얻어 온 생선 대가리
어머니 앞에 조르르 누웠다
고양이 밥 될 이놈들
댕강댕강 잘리지 못한 내장이 불거져
아직도 마감 못한 핏물이 묻어 있다
성깔 못 이겨 눈알 빠져 없는 놈
사팔뜨기 눈으로 딴청 부리는 놈
아직도 이빨에 낚싯바늘 끼운 채
헐떡이는 아가미 잠재운 놈
흰 눈 동그랗게 빼물고 노려보는 놈
등줄기 푸른 바다 질퍽한 비린내에 쓰러지던 날

어머니 못 보셨나
낚싯바늘 끼우고 올라오던 놈
찌그러진 양은 냄비 수증기 속에서
내 숟가락 따라 올라오던 바다.

나비잠

지 다
구 있
가 고
하 한 가 어
루 바 아 머
의 퀴 돌 니
끝 에 앉 아 한 줄 20 원 구 슬 꿰 며 조 우 는 곁
새 달
근 빛
새 이
근 한
아 가
기 닥
가 구
잠 슬
을 을
잔 꿴
다 다

경화역

기와집 낡은 텃밭에
토막 난 벚나무
나이테를 잃고도 용케도 살아
한쪽으로만 잎을 내리고 있다

그 아래
노모가 쪼그려 봄볕을 뜯고

벚 · 꽂 · 길 · 철 · 길 · 로 · 기 · 차 · 는 · 천 · 천 · 히 · ……

파리의 항변

누우런 추석호박 지붕에 얹혔다
뒷간에 앉아서 신문을 뒤적인다
호박만 한 엉덩이 들었다 놨다 하는 사이
오래된 기사도 울그락불그락
한 뭉텅이 뭔가 쏟아질 법한데
땡글땡글 똥파리
지 몸도 못 가누고 경제면 기사에서 휘청거린다
앉을 데 안 앉을 데 구별 못한 똥파리
오래 익어 떨어질 것 같은 똥구녕이 졸아든다
달빛 타고 종아리에 쥐 내려온다
호박덩이에 앉아있던 파리 놈인지
신문에서 휘청거리던 똥파리 놈인지
내 엉덩이 훔쳐보고 도망 간 파린지
어느 놈이 어느 놈인지 구별 못하고 있는데
이놈들도 나를 보고 투덜거린다
방에 앉은 놈이나
신문 속 놈이나
냄새 나는 뒷간 배불뚝이 놈이나
인간들은 어쩜 그리 똑같이 생겼냐?

단물 빠진 봄

오매
풍선껌만
불어놓고 도망가는 봄
잡아라 오매! 오매 잡아라
소리쳐도 도망간다 묻지마 관광버스에
웅성웅성 퍼질러 앉아 허연 허벅지 내밀고
뻘건 혓바닥 내민다 근질근질한
봄이 운전사 엉덩이에 끼었다
버스가 날름, 모퉁이길만
뱉어놓고 도망간다
잡아라 봄 간다
단물 빠진
오매
뒤
통
수
를
질 겅 질 겅 따 라 간 다

새잡이

거울 앞에 앉으신 아버지
어깨보가 헐렁합니다
바리깡날에 넘어지는 머리카락은
가슴으로 흐르고
너무 웃자라 누운 몇 가닥 위
건너가지 못하고 철컥,
멈추는 기계소리, 들여다보면
아버지 휘청휘청 화투장에 새 잡으러 가십니다
공산명월 하얗게 머리에 쌓이도록
새 꼬리 놓치고
그림자만 쫓으시던 아버지
아무 일 없다는 듯
대청마루 올라오십니다

이제는 내가 오래전 벗이 되고
그 옛날 아버지의 누이가 되기도 하는데
지나는 바람에도 아버지
이제는 새잡이 떠나실 수 없음을

까마귀 대문에서 조문을 연습하고

고름 진 욕창 손톱 밑 벌겋도록 긁으시는데
가만!
가만 계세요 아버지!
너무 짓물러서 저도 지나기 힘들거든요.

태양의 뒤편 1

저녁 한 칸에 버려진 인력시장 모퉁이
밧데리가 온 힘을 다해 생을 충전한다
이 빛에 걸려들어 비틀거리는 우리는
전생에 이불 속에 발 나란히 넣어놓고
이거리저거리갓거리 놀이하던
친구였거나 형이었거나
우산 없이 차가운 입김을 불 때
가엾다고 볼 쓰다듬던 누이였는지 모른다
그런데 이렇게 먼 생에 와서까지
술잔을 부딪치는 사이가 되었을까
등이 뜨거워도 돌아눕지 못하는 고등어처럼
스스로 삶을 뒤집을 수 없는 연인들
앞니 두 개로 갈비뼈를 훑어도
주머니 속에 쪼글쪼글 세종대왕 웃음소리가
기지개를 켜는 저녁
마음 놓고 술병 속에 들어갔다가
빠져 나오지 못하는 달빛을 탈탈 비운다
바람이 술잔 위를 출렁거려도
자, 우리 남아있는 온 생을 위하여
건배!

태양의 뒤편 2

허락 없이 남의 근심 기워줬다고
무허가 달셋집, 삼백만 원 벌금에 주저앉았다
관절염 앓던 출입문이며 아직도 남아있는 재봉틀 할부금이며
혓바닥 늘어뜨려 꾸벅이던 가로등 아래
눈치 보며 라면 가닥 훔쳐 먹던 시궁쥐

허락 없이 남의 뱃속 채워 준다고
우동집 개업 날, 삼색 띠 아래 궁뎅이 흔드는 아가씨 발꿈치 너머 어느새 우동면발 잽싸게 집어먹고 등 돌려 이 쑤시는 권리금 붙지 않은 시궁쥐

허락 없이 돌아가는 입간판이 붉다.

태양의 뒤편 3

자궁에 꽃이 피었다고
의사는 초음파기만 바라보고
나는 물방울무늬 치마만 물끄러미 내려다본다
물소리 출렁인다
(시들어도 떨어지지 못하는 꽃은 슬플까)

수술대에 누웠다
흑점처럼 까만 회전등이 보인다

올라가면 늦게까지 고드름을 키우는 임대아파트
여섯 살 딸과 팔순 노모
이제는 내 아이가 된 죽은 시동생 아이들이
근심을 기워대는 재봉틀 소리에 졸고
(뿌리는 태양의 반대쪽으로 자란다)

내려가면 햇살이 비껴가는 음지 모퉁이
어쩌다 여기에다 뿌리를 내렸는지
가시에 찔린 시뻘건 겨울
떨어진 꽃잎이 파르르 울고
(고드름은 태양의 반대쪽으로 자란다)

어젯밤엔 난생 처음 해물탕을 먹었다
한 끼에는 과하게 핀 수십 마리 꽃
이 잡다한 것들까지 의사는 보고 말았을까
먹이사슬 허물어진 가슴이 탱탱하다
구불구불한 창자 속으로 물방울이 굴러간다

이 어둠 한 바퀴만 도려내고 나면
근심을 기웠던 재봉틀 소리가 돌아가고
가시나무 덩굴에도 봄이 피어오를 것이라는 걸
(태양은 음지쪽으로 자란다)

태양의 뒤편 4

식탁을 버렸다
나사를 바꿨어도 삐거덕거렸다

자꾸 삐거덕거리다 뜨거운 무엇이 미끄러져버리고 말지 그러다가 무심코 턱을 괴다가 생각이 출렁 넘쳐버리고 말지
그것들은 내 떨어진 발등에서 어쩔 줄 몰라 서성이겠지

엎드린 등에서 내 아이들
밥을 먹는다 조심조심

서투른 수저질에 행여 내 다리가 삐거덕거리지는 않을까 그러다가 출렁, 눈물국이 넘쳐 등에 얼룩이라도 생긴다면 누군가의 손가락질에도 내가 돌아볼 수 없으므로

식탁을 버렸다.
삶이 자꾸 삐거덕거렸다.

태양의 뒤편 5

사뿐한 바람 분다 들마루에는 누나가 열무를 다듬고 개구리 구글구글 어슴저녁 알린다 하지는 지나야 동맥경화는 터질 예정이라고 물빛 원피스를 입은 아나운서가 찰방거린다 난바다에만 비구름이 발달하고 있다고

둥지에서 고개 내민 새 갸웃거린다
하늘에 정박했던 구름들이 모인다
나뭇가지에 붙들려 있는 고요한 불안

후두, 후두둑 구름이 떨어졌다 돌풍이 지붕을 핥았다 산은 움찔움찔 소름을 뱉었다 월남전에 두 팔을 떼어준 할아버지 초점 없이 튀어나온 눈이 팽그르르 돌아 새둥지로 날아갔다 짝짓기하던 개구리도 울음을 멈추었다 걸러지지 않은 바람이 마을을 집어 올렸다가 투, 투둑…… 떨 · 어 · 뜨 · 렸 · 다

주인을 잃은 한가한 새벽
햇살이 부서진 누나의 이마를 만지고 지난다
방광 끝까지 차오른 울음을 뿌리는, 아이 하나 있다.

태양의 뒤편 6

사막에 밤이 오고 눈이 내리고
나는 누군가가 걸어간 발자국 뒤에 앉아 시를 쓴다 어제는 내가 읽어내지 못한 글들이 내 위를 밟고 지나가버려 머리 조아렸다가 오늘은 따라가지 못하는 발자국에 눈이 덮여 하얀 밤 속을 돌고 있는데

밖에는 어제 내린 비가 내리고
내가 지나온 사막의 발자국이 흔적 없이 녹는데 눅눅한 이불을 감고 누워 마른 몸 비비다가 아무렇지도 않게 얼굴 간질이는 바퀴벌레 잡지도 못하고 울컥해져서, 그리고 일어나 A4용지 가운데서 또 길을 잃는다

때로는, 내가 가려는 이 길이 남의 길 같아 바닥에 누운 채 천장에 그려진 꽃잎만 따다가 약해지지는 못하고 지독해지지도 못하고 떨어뜨린 꽃잎만 물끄러미 바라본다
혹은, 사막의 사구에 갇힌 나를 위해 어떠한 날이 시 한 편과 삶 한 줄의 동아줄을 넣어주면 나는 아무 망설임 없이 삶의 동아줄을 덜컥 잡았다가도 아니야아니야 슬그머니 놓아버려 그대로 사막의 모래 속에 묻히는 게 아닌가 하면서도

꿈은 멀리 있고 내가 바라보는 풍경은 가도가도 모래바람과 희뿌연 하늘뿐인 세상 아래서 나는 또 읽히지 않을 한 줄의 시를 쓴다.

태양의 뒤편 7

가난에 물려본 짐승이면 안다
신용불량자는 무섭다는 걸
아버지를 중환자실 비싼 침대에 눕혀놓고
동생은 주유소 아르바이트 보내고
꼬박꼬박 이자에 이자가 붙는
사채업자보다 무서운 짐승이다
심장을 물어뜯어 팔딱거리게 하고는
슬픔을 분양해주면서
행복은 카드 무이자 할부는커녕
부은 몸뚱이의 장기는 사주지 않는다
빚쟁이에게 쫓겨 다닐 때만 해도 그렇다
이삿짐은 번번이 지하에 가둬 놓아야 하고
전화기는 꺼져 있어야 한다
비가 오면 쉬어야 하고
햇빛 부신 날 일용직도 간당간당하면서
아버지 영정사진 앞에서도
일당을 걱정해야 하는
불량딱지 몸뚱이 정말 무섭다.

태양의 뒤편 8

바퀴벌레까지 이사를 와서
식구가 또 늘었다
새끼까지 줄줄 낳은 모양이다
무슨 일이 있어도 오늘은 임대료를 받아야 한다
나보다 더 자리를 많이 차지하고
욕실이며 베란다까지 설치고 다니는 놈
밤이면 베란다에 놀러와 선인장 꽃과 놀아난
날빛의 숙박료도 받아야 한다
여름부터 앵앵거린 모기에게
내 피 값도 받아야 하고
아버지 임종을 지켰던 파리에겐 미안한 일이지만
난방비도 받아야 한다
싹싹 빌어가며 한 번만 봐달라고 사정해도
마음 굳게 먹어야지
한 번도 받아내지 못한 임대료
오늘은 꼭 받아서…내일은 마감일
가을을 독촉하는 귀뚜라미 울음에
밤이 자꾸 짧아진다

문 밖에는 봄

지구 끝에서 아내가 붕어빵을 굽는다. 파닥거리는 지느러미에서 비늘이 떨어진다. 지구를 한참이나 돌다 온 듯한, 퇴계 선생 지폐 위에 가볍게 흩어진다. 산달 아내, 배가 부푼다.

중환자실, 어머니는 링거병에서 떨어지는 내 눈물을 한 알씩 세고 계신다. 끼니때마다 가는 호스 타고 내려가는 미음, 포르말린 먼지 반짝, 휠체어 힐끔 훔쳐보신다.

저녁마다 어둠이 먼저 눕던 달셋방, 도란도란 웃음을 젓가락질하던 밥상에서 어머니와 아내가 번갈아 등을 토닥거리고

몇 개월 전 신문처럼 할 일 잃고 누운 내 옆에서 아내는 낮은 기도 소리를 쥐어준다. 가끔씩 지구는 벌떡벌떡 몸을 세워 링거병을 흔들고 아내를 병실 바닥까지 내려 앉히지만 아내는 언제나 가지런히 웃는다.

모둠발을 해 본다. 날개가 돋은 휠체어, 휠체어가 대기권을 향해 바퀴를 힘차게 굴린다. 지구가 뒤로 밀리고 있다.

4부 · 현미경만 들이대도 들통 나는 이야기

좌판 생닭

쿡, 쿡 찌르지 마세요

연홍빛 살갗이 탱글탱글 않다 해도, 긁혀 패인 흉터 몇 닭장 차 매달릴 때 한숨이라 해도, 지네 발 같은 창살에 갇혀 모 세워 사는 법 배우지 못했던들, 다리 한 쪽 접어 올려 닭싸움 한 번 못해봤다 한들, 붉은 벼슬 쭈뼛 담장 기웃거려도 사랑 한 번 해보지 못했다 한들, 검은 상복 입은 밤 벗어던지기 전 목젖 치켜 곡 한 번 뽑아내지 못했다 한들, 이렇듯 저렇듯 뒤집혀져 있다 한들

염병, 자꾸 찌르지 마세요
발가벗었잖아요.

현미경만 들이대도 들통 나는 이야기

자은아, 칡 캐로 가고로 괭이하고 수건포 들고 나온나~~
오데에~ 봐 논 데는 있나~~

영식 오빠 목소리 동네 한 바퀴 돌면
골짝에 칡 이파리 움츠리는 소리
흙더미에 칠갑된 중우가랭이 걷어붙이고
인정사정 볼 거 엄따
가파른 언덕배기 구멍 내 놓고 와서
우리 집 마당에 칡, 칡 쌓는다
슬근슬근 영식 오빠 톱질 시작하며는
뻥 두른 검은 아이들 나무칡 한 토막씩
내한테는 살칡 한 토막
저거 집에 감시로 내 계비에 또 한 토막
오동통 칡 쭈욱~ 질근잘근 씹으면
영식 오빠 눈웃음이 달착지근 씹히고
쓴물단물 빠진 칡 수채구녕에 뱉으면
구름도 내려와 군침 질질 흘리는 날
옴마는 정지에서 부작대기 들고 나와
자은 오빠만 후려잡던 날
신작로 구십 리에 꾸벅꾸벅, 세월이 졸고

영식 오빠야~~ 춰 캐로 함 안 가나~~~
오데에~~ 봐 논 데는 있나~~~

엄마의 브라자

엄마는 짝젖이었다
암 병동에서 한쪽을 잃었다
축 늘어져 출렁이는 한쪽 젖에
열두 개의 눈동자를 조롱조롱 달고 살았다
아버지 없는 속 빈 브라자 때문에
한쪽 가슴이 늘 허전하였다
왼쪽으로 삶이 기우뚱거렸다

오른쪽으로 아이를 잘 안지 못하는 나도
왼쪽 젖만으로 아이를 키웠다
젖몸살을 할 때마다
제대로 부풀지도 못하고 딱딱해져 가는
오른쪽 가슴이 늘 불안하였다
부풀었다가 꺼진 젖은 쪼글쪼글해져
삶이 모조리 기우뚱거렸다

엄마가 입었던 브라자는 길표
그래서인지 엄마는 인적 드문 산골
산까마귀 지나는 길가에 드러누웠다
초경을 막 끝낸 딸아이의 야한 브라자처럼

일평생 입어보지도 않은 초록 브라자
오른쪽 세월을 텀벙텀벙 건너면서
이제는 뽕이 내려앉은 브라자
비어 있던 아버지 엉큼스럽게
무덤 깊숙이 팔을 뻗어
어머니 브라자 후크를 투둑, 벗기는지
구름에 침을 발라 구멍을 낸 산까마귀가
키득거리는 소식을 떨어트려 놓고 갈 때도 있다.

밑줄

김밥장사 여동생이 응급차에 실려 갔다
앰뷸런스 소리처럼
아이들 울음이 앵앵거렸다
읽다만 요리책이 뒹굴고 있었다
가끔, 시꺼먼 삶 위에 밥알 같은 하얀 삶을 펼치고 있다고
때로는, 새콤달콤했던 나와의 10대를 얹고 있다고
어쩌다, 찌든 20대를 졸이면서
우엉우엉 울음을 얹어 보내더니
가난을 맛살 나게 펴놓고 싶었던 30대를
겨우 얹고 있었을 뿐이었다는데

낯선 재료가 빼곡한 곳에 밑줄을 그어 접어놓았다

중환자실 문을 연 의사가
김 찌꺼기 같은 이야기를 뱉는다
이제 밑줄이 그어졌다고
돌아선 의사의 등에
동생의 삶이 두루룩 말려 있다
울음을 한 토막씩 나눠 먹고 있을 즈음
다음 생으로 페이지를 넘기고 있었던 것이다

주석 같은 조카들이 밑줄 아래 울고 있다.

합천댁

스물셋에 와 가지고 육십 년을 살았지 요기는 이삭이 많아서 굶어 죽어 나가지는 안 한다더라 문에 명경 달아 놨는데 고 앞에 앉으까?

나무를 해 가지고 장에 갔다 팔았재 젊은것이 눈구뎅이도 안 보이게 지보다 큰 나뭇짐 이고가모 저년이 누꼬? 놀리는 년이 누군지 눈구녕에 안 보잉께 또 알모 뭐하끼고! 거기, 귀 뒤에 머리는 너무 싹뚝 자르지 마소

나물도 뜯어 팔아봤재 겨울에 미나리 논에 가모 거머리가 장딴지 빨아 묵는 것보다 내사 마 어두버 오는기 더 무서븐기라, 귀 옆에 응, 거기, 귀만 놓고 사부르르 문질러 주소 꼼지락 못하고 방구석에 앉았어도 우사시럽게는 안 있어야재

장에 갔다 오모… 새대기, 냉장고에 물 한 보시 좀… 내보다 빈 다라이 자꾸 쳐다보던 가시나 둘 홍역이 잡아가고 서방 잡아 묵은 이놈의 김해 바닥 웬수 바닥… 우짜것노 어제 온 아지매 손끝은 안 맵아도 반찬 묵을만 하더라 묵고 가소 배 한 쪼가리 남은 것도 있다

어허! 밭가에서 털모 안 되고, 태우모 젤이지만 연기만 나모 불난 줄 알고 우떤 남자가 와서 막 머라쿠더라 젊은 사람 자꾸 헛걸음시키면 안 되제 고마 저 쓰레기봉투 안에 뭉치 넣어 놓으소 나도 가모 쓰레기마냥 잘 썩어야 될낀데, 무화과가 올해는 많이 열리네 다음달이모 익어서 묵을만 할끼요

아침부터 쉬지 않고 달려온 해도 발이 부어 있었다.

친정아부지

묵은 김치 썰어서
찌짐 부쳐서
막걸리 한 사발에 흐뭇,
웃으시더니
찌짐에는 김치가 최고네
시작해서
손맛 한 번 따지시더니
지난 해 김장 때
젓갈때매 부린 까탈 꺼내시더니
힐끔
눈 오던 날 찍었던 가족사진 보시더니
이놈의 찌짐이 와 이리 맵다노!
젓가락 탁, 놓으시더니
방문 꿀꺽, 잠가놓고
물코 푸는 소리만 팽팽 내시더니.

종철이

초등학교 졸업 후 처음 본 종철이
지나 내나 어릴 적 얼굴은 비바람에 세 다 주고
종철아, 종철아, 종쳐라 놀리시던
선생님 목소리만 남았는데
별의 별 것 기억하던 종철이
어릴 적 저거 집 무슨 잔칫날인가
도랑에서 돼지똥창 씻어 불던 기억이며
지가 부반장 했을 때 칠판에 적어냈던 아이들 이름이
술병 속에서 튀어 나오고
했던 말 또 하고 하던 말 또 하고
술잔은 밤을 돌아
또 한 해도 꿀떡, 넘어 갔는데
군인 출신이라고 어깨에 기합도 빵빵하게 넣어서
창원역 앞 지 가게는 땅이 몇 평이라고
다시 올 때 주차 걱정일랑 말라고
그런데 종철아
몇 안 남은 니 머리칼
왜 나는 그게 걱정인지 몰라.

깍두기

미꾸라지처럼 요리조리 밝은 곳 피해 다니는
조폭 오빠야 등에 용문신 새기는 동안
갈매기 울음 피해 다니다
나는 눈썹에 갈매기표 문신을 넣었습니다요
옆집 깍두기 형님도 등에 용문신 그리는 대신
눈썹에 갈매기 까르르 새겨 넣었습니다요
싹싹하지 못했던 나도
형님도 바뀌었습니다요
우악스러워 보이는 옆집 아줌마한테도 형님
목욕탕에서 만난 뚱보 아줌마한테도 무조건 형님
고개 깍뚝, 형님!
아! 우리는 힘주어 날아다녔습니다요 까르르
새벽마다 신문배달 우유배달
다녔습니다요
시어빠지고 물러 터져 깍두기김치 같은 세상이
새벽에는 잘 상하지 않았습니다요
깍두기 형님, 용처럼 승천해버린 남편 대신
세상 요리조리 피해 다니는 미꾸라지라도
가슴에 남기고 싶었을 겁니다요
추어탕집 갔습니다요, 우리는

미끌미끌한 울음이 곧
승천하리라 믿고 싶었던 겁니다요.

고려장

아버지가 똥물을 먹는 걸 본 적 있다
오십이 다 돼서야 얻은 아들을 두고
전신을 한 번 부르르 떨었던가
지금은 못 가! 나는 석민이 아버지야!
신에게 대들만큼 간이 부었던 아버지
마음대로 죽지도 않으셨던 거다
젊은 거기 돌아보면
입을 앙다물고
삶에 쉽게 타협하면 안 된다고
함부로 웃지 말라고
무표정한 가면을 썼던 아버지
때로는 파렴치한 모함에 합류하고
남의 열매도 슬쩍했던 아버지가
문 앞에선
권위를 겹쳐 입고 헛기침을 하면서
어디서도 울어보지 못하고
쓰러지고 싶은 순간에도
똥물을 마시고 버텼던 아버지가
쓰
러

지

고

묵은 방엔 아버지

목소리가 설사처럼 허우적거리고 아버지가 가꾸었던 벽지의 나뭇가지엔 지린내가 주렁주렁 열리고 권위를 폐기처분해서 삶이 거꾸로 똥에 먹혀버린, 아버지가 똥처럼 누워있다.

哭

애비는
하찮은 동전 하나에
속눈썹 치켜세운 쪼잔한 사람
일찍이 술 보기를 너 보기보다 즐겼으니
절대 닮으면 아니 된다고
늦둥이 석민이 술병 앞에 앉혀 놓고
나 이렇게 당부할 것이오

금혼식하는 날
틀니 부딪치면 낭패라고
절대 이 악물고 살지 말라 했으니
행여, 직립보행하려는 길 휘청거리면
적당히 잘 익은 근육 좋은 사내 품에서
낱알 굵은 웃음 터질지 모르고
찰찰 탬버린 벌겋게 달구어진 네온 불 아래
엉뎅이 남실남실, 내 목소리 깔깔
미아리담장 넘어갈지
알 수 없을 것이오

억울해?

그럼, 추깃물 꽉 조여진 차가운 서랍 밀고
이 잡것!
부러진 성깔 급급히 세워
큰소리치고 나와 보시지!
때릴 듯이 죽일 듯이
뛰어 나와 보시지!

우주인의 동창회

형광등 불빛 깜빡, 산업체 야간학교
어두운 도시에 깔려
책상 아래 떨어지는 눈꺼풀 추켜올리던
귀남아, 미자야
추븐데 옷 따시게 입꼬, 뽄낼라꼬 스타킹만 신지 말고…
삐뚤삐뚤 엄마 편지 국어책에 끼워놓고
꽁꽁 언 가슴을 쬐던 미자, 지금은
계란이 왔어요~ 계란~ 싱싱하고 맛있는…
암탉의 뱃속을 읽고 다닌다는 소문
이름 덕분에 터 잘 팔아 남동생 봤다는 귀남이
하루에도 몇 번씩 수위가 오르내리는 낙동강 하구 근처
쥐들이 우는 골목 간이식당에서
사내들 뱃속을 채워준다는 풍문
나이 잘 익은 동창들과 저녁 한 끼 먹으며
버무려진 기억 익혀 목구멍에 넘겨도
너희들 얼굴이 밝아지지 않는구나
가슴 쪼는 이름으로 달빛을 막아놓고
귓속에 등불 하나 건다
귀남아, 미자야
나는 아직도 지그재그 미싱으로
도시의 불빛을 깁고 있단다.

숨은 그림 찾기

어스름 신문 귀퉁이

연수야 밥 묵어라~어머니 목소리 대문 밖에 퍼져 가면

공 차다가 잃었던 검정 고무신 한 짝 탱자나무 울타리에 삐딱하게 훌쩍이고 아카시아 줄기에 파마놀이하던 빗 가지런 빗은 지붕 고랑고랑 미끄러지면 옆집 이수 오빠랑 정분났던 큰언니 핸드백이 살강 위 함지박에 얼굴 붉혀 숨어 있고

똑바로 보면 찾기 어려운 그림
거꾸로 돌려보면

할머니 성경책 읽는 소리 줄줄 새는 문고리에 돋보기 흔들, 뒤적이던 족보 벤 채 주무시는 아버지 옆, 아무렇게나 뒹구는 시계는 꼭 누가 밟아서 멈출 것만 같은 그림 위로

자리 옮겨보다가
엎드려 보다가
내가 기울어져 봐도
아무래도 연필은 보이지 않는다.

詩示한 詩 한 줄 못쓰고 어둑어둑 신문 귀퉁이에서.

헛제삿밥

마구마구 넣어, 괜찮아
모가지에 덩어리째 걸려있는 찬밥
흐린 탕국 한 국자면 풀어질 거야
시간당 백 밀리쯤 퍼붓던 눈물도
비벼!
고사리 같은 실핏줄도 넣어버려 넣어!
불룩해진 눈두덩에 머물러있던
첫사랑처럼 아려도 비벼!
재미없는 꿈을 꾸는 시체 같은 표정은 짓지 마!
천연색 가을이 떨어지는 고추장 같은 나이지만
아무렇게나 코를 후벼도, 풀어도, 귀를 후벼도
괜찮아 이젠!
다시 시작하는 거야.

언니가 숟가락을 잡네 노란 양푼이에 밥이 질질 끌려가네 푸성귀 같은 아이도 올라가네 꿀꺽, 영정 사진 형부도 들어가네 넙적한 그릇 귀퉁이에 환하게 빨간 삶이 웅크리고 있네

배부른 언니 배꼽 속에 가느라한 生 하나 연한 꿈꾸고 있네 들썩거리네.

설총의 저녁달*을 품고 있는

여자가 있었네

그 여자, 합성동 국민주택 보리밥알에
시를 비벼 먹을 때
지하방 TV, 메케한 연기만 구경했던 나는
그 여자, 설총에게 긴긴 편지를 입히며
도솔천 여울을 헤매고 있을 때
배곯은 날개 휘청휘청
바닷가 벼랑으로 떨어지고 있었던 나는
날이 저물어서야 시 한 줄에 멱 잡히어 돌아오는 길
詩가 무어냐, 먹을 것이 아니라네
詩가 무어냐, 입을 것이 아니라네
만나는 사람마다 구백 번을 물어 봐도
소용없이 버려질 것이라 하네

여자가 있었네

그 여자, 이고 있던 상현달을 버렸네
나는 달을 주우러
그 여자의 시집 속에 서성이고 있네

*이지은 유고시집, 2003년, 시와사람

동백꽃

십자가라 했다 폭설에 찢어진 동백나무, 사람들이 이미 죽었다고 했던 나무가 아직 살아있다는 단 하나의 흔적, 심장에 빨간 꽃이 피어있었던 것이다

그 모습은 꼭
겨울비 오던 날 미처 걷지 못하고
빨랫줄에서 펄럭이던 어머니의 빨간 내복을 닮았다
추울렁 흔들리던 어머니
숨 줄 놓으시던 날
웃음 나게 얌전히 입고 있었다
한 번도 온전한 것 입어보지 못했던
어머니의 하얀 몸
빨간 꽃잎 속에서 움츠러들고
잘려진 빨랫줄 허리에 동여 맨
막내의 붉은 눈동자 보며
나는 등만 구부리고 살았던 것이다

그러고 보면 오래도록 십자가 가슴에 피어있는 꽃, 하 많은 세월이 흘러도 시들지 않는, 내 몸 깊숙이 살아있던 바로 그 꽃이었다.

버드나무의 계보

시조 柳차달은 고려 왕건이 입성할 때 수레 군사 내어주어 차달이라 불리어졌다는 이름. 그의 아들의 딸 柳관순은 버드나무 창살에 버들버들 목 내밀고 만세 부른 이름

車씨 아들의 아들은 역적. 버드나무 아래서 버들잎 붙들고 버들柳로 성 바꾸었다는 속설만 믿고 자란 나는

조상이 잘 굴렀으니 나도 물기 없는 세상에서 구르기는 잘 굴러

조상이 버들버들 목청 높여 만세 불렀으니 나도 세상에 두 손 들고 항복은 잘한다는 새삼스런 기억 속에

버들잎처럼 떨어져 흔들흔들 車씨처럼 구르다가도

柳-토끼 귀처럼 아래로 쳐지는 나무는 버드나무다.

한자 하나 외우며 한 세월 어디로든 토끼고 싶다가도

버드나무 둥지에 오순도순 둥지 잡은 柳차달의 족보에 뛰어 올라 앉고 싶은

나는 버들柳, 버들버들 꼿꼿, 흔들리는 불혹에 앉아 버들잎 내미는 버드나무 아들의아들의아들의…딸.

비닐봉지 날다

나 죽으면, 꿈틀거릴 영혼일랑 허공에 지랄발광 놓아두지 말고 검은 비닐봉지에 넣어 다오 자르지 못한 머리카락만큼 늘어진 영혼이 보이거든 토막 내어 다오 흩어져 감당하기 힘들거들랑

검은 비닐봉지 같은 경남 하동군 북천면 서황리 우리기 부모님 봉분 사이에 한 봉지, 부산시 북구 엄궁동 천정에서 생쥐 떨어지던 단칸방으로 한 봉지, 남은 토막 있다면 배달 좀 해 다오 경남 김해시 납골당 같은 아파트로, 그러고도 남은 토막 있다면 썩어 가는 시체 따라 호적귀신 돼버린 충청북도 영동군 시댁 선산으로

좀 보내 다오

쾌변처럼 웃는 사람에게 부고 따윈 전하지 말고

혓바늘에 독 묻은 사람에겐 전화 따윈 하지 말고

그래도 지랄발광 눈 감지 못하고 떠돌아다니는 영혼 있거들랑

김해 장유 오일장날 어묵장수에게 쪼글쪼글한 비닐봉지 빌려다가 쑤셔 넣어 묶어다오

그래도 꼼지락거릴 테니.

들썩들썩 아스팔트 위를 날아다닐 테니.

| 해설 |

고통의 현상학과 시적 방법론

황선열(문학평론가)

1. 시와 고통의 문제

최근 서정시는 세계와 화합하는 질서정연한 상태를 말하기보다는 세계와 화합하지 못하는 분열의 상황을 말하는 경향이 짙다. 이 때문에 최근 서정시라고 말해지는 것들은 대부분 세계와 맞서지 못하는 주체를 대상으로 하고 있다. 전통시가 물아일체의 동일성을 추구했다고 한다면, 최근 서정시들은 불화하는 세계 속에서 새롭게 존재를 발견하는 방향으로 나아가고 있다. 시와 고통이라는 화두가 제기되는 것은 이러한 시적 상황의 변화와 관련이 있다.

유행두의 시를 말하면서 고통의 문제를 먼저 떠올리게 되는 것은 그녀의 시에는 존재에 대한 내면적 고통과 그 존재의 현실에 대한 고통이 심연에 가로놓여 있기 때문이다. 시는 고통으로부터 나오고 고통이 없으면 시가 될 수 없다고 한다면, 그 고통은 시를 이루는 바탕이 될 것이다. 유행두의 시에 고통의 문제가 시적 소재로 쓰이게 된 까닭은 가난 체험 때문이라 할 수 있다. 그녀의 시에는 어린 시절의 가난 체험과 도시 주변에서 보냈던 가난의 고통, 그리고 슬픈 가족사가 자리잡고 있다. 따라서 그녀의 시에서 시적 주체는 처음부터 세계와 화합하지 못하고 그 세계를 고통의 현상으로 바라보게 되는 것이다. 현대 사회가 안고 있는 문제적 개인과 같이 그녀의 시는 고통의 결과물이라고 할 수 있을 것이다. 그러나 시적 주체가 겪고 있는(혹은 겪었던) 고통은 그리 힘겨워 보이지 않는다. 왜냐하면 그 고통을 바라보는 시적 주체의 시선이 따뜻하고 잔잔하기 때문이다.

이번 시집에서 보이는 고통은 불우하거나 절망적인 상황에 놓여 있는 것이 아니라, 그것을 운명으로 받아들이고, 그것을 자아의 내면으로 끌어들이고 있다. 오히려 그 가난을 아름다운 순간으로 치환함으로써 의식의 평화를 누리고 있는 것이다. 그녀의 시에 보이는 가난과 소외는 물질주의 시대에 자신을 돌아보는 계기가 될 것이다. 사람과 사람 사이의 인정이 사라진 시대에 따뜻한 인간애를 느끼게 하는 긍정적 가난, 혹은 '자발적 가난'을 떠오르게 한다.

유행두의 시가 최근 서정시의 존재방식과 다른 점은 고통을 극복하는 힘과 그 고통을 운명으로 받아들이는 여유로움이 있다는 것이다. 이러한 여유로움은 고통을 극복하는 힘과 방편이

된다. 이처럼 고통을 극복하는 남다른 시적 방법론은 그녀의 시를 지탱하는 바탕이 된다고 할 수 있다. 이러한 시선은 종교적이라 할 만큼 엄숙하고도 겸허하다. 그녀의 시가 '고통의 현상학'을 보이고 있지만, 그 고통은 끊임없이 자아를 갱생하는 힘으로 존재한다. 유행두의 시가 남다르게 보이는 까닭은 고통의 세계를 끌어안는 넉넉한 품성이 있기 때문이다.

2. 세계와 맞서는 시적 주체의 고통

고통의 유형은 육체적 고통, 내면적 고통, 세계의 부정으로 발생하는 사회적 고통, 역사적으로 인식하는 고통이 있다. 이들 중에서 유행두의 시에서 보이는 고통의 유형은 내면적, 사회적 고통이 지배한다. 그녀의 시에서 고통은 가난이라는 가족의 문제로부터 출발하고 있으며, 이는 사회적 문제와 무관하지 않기 때문에 세계와 맞서는 주체의 고통이라고 할 수 있다. 그녀의 시에서 고통의 문제는 가난한 가족의 문제로부터 도시의 서민, 소외받는 사람들까지 이어진다.

그녀의 시에는 과거의 기억을 회상하는 시편들이 더러 보이는데, 그 과거의 기억은 가난하고 힘겨운 고통의 순간들이었다. 그 고통의 순간을 자기인식의 세계로 끌어들임으로써 생명의 조화로움을 발견한다. 과거의 추억은 고통스럽게 느껴지지만, 그것을 관조의 태도로 받아들이면 고통의 순간이 아름다운 풍경으로 변용되게 되는 것이다. 그녀의 시에 투영된 과거의 기억은 사소한 가족사로부터 주변의 이웃으로 확장되지만, 결국 그 고통은 차이의 심연을 거쳐 동일성으로 나아간다.

그녀의 시에 등장하는 고통 받는 사람들은 주변 사람들이거나 자신의 분신과도 같은 사람들이다. 그들은 대단한 존재들도 아니고, 물질적 풍요를 마음껏 누리는 존재들도 아니다. 고만고만하게 살거나 더 이상 가난할 수 없는 처지에 놓인 사람들이다. 그녀의 시는 이러한 사람들의 고통을 담아내고 있다. 그들의 일상을 바라보는 시적 주체의 시선은 남다르다. 그 시선은 고통의 순간과 기억들을 끌어안는 따뜻함이라 할 수 있다.

버스가 아미고개만 지났으면 좋겠다고
어머니는 고부랑 골목을 쓸고
아버지가 오기까지 자지 않으리라
나는 눈 탁, 탁 털고 올 아버지 기다리는데
눈꺼풀엔 눈이 자꾸자꾸 내리고
뉴스 사이에서 비틀거리는 아버지
땅콩과자와 술안주 노가리 담긴
검정 비닐봉지 손가락에 걸고
눈이 나린다 눈이
어둠 속을 허둥거리는 아버지
버스는 끊어졌고 택시도 오지 않는
대학병원 1번 출구에, 함박눈이
송이송이 눈이 오고
형광등 시린 불빛 내 눈에 내리는데

뉴스 속에 아버지는 없고
들것에 실려 나가는 사람의 소매 깃이
아침밥 먹을 때 본 아버지 줄무늬랑 비슷한 것도 같고
눈이 나린다 눈이
정말, 버스가 아미고개만 지났으면 좋겠다고
어머니는 희끗희끗 날리는 하늘만 바라보고
차 소리 끊어지고 길도 없어진 길에
버려진 하룻강아지가 짖지 않아서

눈이 나린다 눈이
쓰레기봉투 물어뜯던 강아지가 싼 생똥 위에, 불 꺼진 옆집 창문 앞에, 깡마른 살구나무에, 대문 없는 창문 앞에, 헐렁헐렁 신발 앞에, 내 눈꺼풀에
눈이 나린다 눈이

코를 고는 아버지 머리카락에, 시끄러워 잠 못 드는 내 눈꺼풀에

—「겨울 아미동」 전문

이 시는 도시 주변에 살아가는 가난한 서민들의 삶을 한 폭의 풍경화처럼 선명하게 그리고 있다. 어머니는 골목을 쓸면서 일하러 간 아버지를 기다리고 있다. 그 풍경 속으로 비틀거리며 돌아오는 아버지의 모습이 보인다. 아버지는 "땅콩과자와 술안주 노가리"를 가지고, 검정 비닐봉지를 손가락에 걸고 늦

게 귀가한다. 그런 아버지를 기다리는 가족들. 이 시는 이러한 가족의 애틋한 정을 "눈이 나리"는 풍경으로 감싸고 있다. 비록 도시의 변두리에 살아가는 가난한 사람들이지만, 이들 가족들이 겪는 가난의 고통은 시적 주체의 내면적 체험과 동일시함으로써 고통을 모르는 시적 주체의 무한한 욕망으로 나아가게 한다.

이 시의 소재인 눈은 매우 중요한 역할을 한다. 눈은 이들 가족이 겪고 있는 가난이라는 고통을 고통으로 받아들여지지 않게 하고, 그들의 가난을 오히려 따뜻한 눈으로 감싸는 형국으로 나아가게 한다. "눈"은 강아지의 생똥 위에도, 불 꺼진 창문 앞에도, 대문 없는 창문 앞에도 내린다. 이렇게 푸지게 눈이 내리는 겨울 아미동의 풍경은 조용하면서도 포근하게 세상의 한켠에 자리잡고 있다. 이 시의 공간 배경이 되는 아미동은 주변부 삶의 고통을 상징하는 공간이기도 하며, 주체의 기억 속에 놓인 고통의 공간이기도 하다. 그 고통의 공간은 절망과 희망이 동시에 존재한다. 도시에 나간 아버지를 하염없이 기다리는 절망의 공간이기도 하고, 가족이라는 따뜻한 품이 존재하는 희망의 공간이기도 하다. 아미동은 가난의 고통 속에 허덕이는 절망적이고 탈출하고 싶은 공간이지만, 시적 주체는 그 가난의 공간을 가족의 정이 넘치는 따뜻한 공간으로 치환함으로써 고통을 극복하는 공간으로 인식하게 한다. 이처럼 그녀의 시는 과거의 고통이 시적 동인으로 작용하고 있지만, 그 고통은 우울하거나 절망적인 상황에 놓여 있지 않다. 오히려 그 고통을 시적 주체의 내면으로 끌어들이면서 희망의 국면으로 바꾸어 놓는다.

「겨울 아미동」에서 보는 바와 같이 그녀의 시는 가족의 고통이 시적 근원을 이룬다. 치매병동에 입원해 있는 어머니, 가난을 되물림해 준 아버지, 집이 망해서 "딱지"가 붙게 된 상황, 김밥장사를 했던 여동생의 죽음, 한때는 신용불량자가 되기도 했던 일. 시적 주체를 둘러싼 이런 고통스런 환경은 그녀의 시가 고통으로부터 출발할 수밖에 없는 단초를 제공한다.

> 울음을 한 토막씩 나눠 먹고 있을 즈음
> 다음 생으로 페이지를 넘기고 있었던 것이다
>
> 주석 같은 조카들이 밑줄 아래 울고 있다
>
> –「밑줄」 부분

> 아버지는 없고 어머니는 달아나고
> 식탁도 아닌 두레밥상에
> 아이는 할머니 한숨 위에 수저를 드는데
>
> –「오월」 부분

> 아버지는 2대 독자, 해는 뉘엿하고도 섣달 하고도 비스듬, 절구통에 콩떡콩떡 시린 바람 쿵떡 엄마, 와 이리 배가 땡기노, 아버지 기차 꼬랑지 슬쩍 숨은 뒤, 인절미에 붙을 콩가루 윗목으로 밀려밀려, 엄마는 배만 틀모 우째 바닥을 긴다노, 쪽 머리 하얀 적삼 성경책 넘어가는 소리 파르르 우짜꼬우짜꼬 할머니 고양이도 나이 먹기 바쁜 그믐날
>
> 위로 쪼르르 언니 넷은 조금 있다 말하구요
>
> –「기찻길 옆 오막살이」 부분

인용한 시들에서 시적 주체의 고통을 인식할 수 있을 것이다. 「밑줄」은 김밥장사를 하던 여동생의 죽음을, 「오월」은 부모 없는 아이가 할머니와 함께 살아가는 고통을 그리고 있다. 「기찻길 옆 오막살이」는 2대 독자인 집안에 내리 딸만 낳은 기구한 운명을 말하고 있다. 이런 기구한 운명에 놓인 가족사임에도 불구하고, 이 시는 그 운명의 고통을 고통으로 받아들이지 않게 장치되어 있다. 그것은 투박한 사투리와 해학적 언어기교 때문이다. 기구한 운명에 고통을 받고 있는 아버지의 절박한 문제의식을 해체함으로써 그 고통을 극복하는 힘으로 작용하게 하고 있는 것이다.

이러한 극복의 힘은 농촌을 떠나 도시로 나가 살다가 죽어서 농촌으로 돌아온 아버지의 사연을 담은 「우리기」에서도 잘 나타나 있다. 아버지의 죽음은 고통스러운 일이다. 억장億丈이 무너지는 듯한 그 고통스러운 일을 오히려 담담하게 받아들임으로써 그 고통을 극복하고 있는 것이다. 아버지의 죽음은 세월 속에서 일어날 수밖에 없는 운명이다. 그래서 시적 주체는 영배 아부지, 경자 아부지가 나란나란 누워서 또 다른 세상을 말하는 정겨운 장면을 보여줌으로써 그 고통의 상황을 슬쩍 비껴가고 있는 것이다. 이는 극도의 고통을 극복하는 방법은 최선의 평화를 생각하는 것이라는 역설의 방법이라 할 수 있다.

김밥장사 여동생의 죽음을 바라보면서도 시적 주체는 그 현실을 담담하게 받아들이고, 부모 없이 할머니와 살아가는 아이의 슬픈 운명도 차분한 마음으로 받아들인다. 이런 일들이 모두 슬픈 일이긴 하지만, 그것을 운명으로 받아들임으로써 그 고통을 극복하는 계기를 마련하는 것이다. 여동생의 죽음은 슬픈 일이지만, 이제 동생의 삶에 "밑줄"을 그으면서 새로운 삶을 준비하고 있다. 이러한 긍정적 인식은 고통을 고통으로 받아들이지 않고 그 고통을 새로운 삶의 희망으로 변용하는 의지로 나아가게 한다.

어둠이 해물레를 돌렸던 봄이었을 것이다
막잠 끝낸 누에 따라 섶에 든 어머니
누에들의 흰 벽이 둥글어져 갈 때
뽕밭 오디도 까맣게 익어갔다
느지감치 자리에서 일어나
세상 밖으로 나온 누에고치들
어머니의 누에는 보이지 않았다
생애 가장 연한 순을 빼앗긴 오디처럼
내 기다림도 까맣게 익어갔다
누에들이 하얀 껍질을 쌓아가는 동안
어머니는 무얼 하고 계셨을까
얼레가 돌고
생사가 비단으로 빛이 익어 갈 때까지
집 한 채도 짓지 못하는 어머니
아직도 못다 지은 하얀 꼬치 속에서
반 토막 단단한 껍질을 보이며
밤마다 빛을 풀어내는
그곳엔 누구도 면회가 되지 않는다.

－「누에의 집」 전문

어머니의 고통스러운 삶은 여러 작품에 투영되어 있다. 「엄마의 브라자」 「문밖에는 봄」 「치매병동」 「아주 옛날에는 사람이 안 살았다는데」 「칼라 바람이 부는 흑백 사진」 등과 같은 작품에서 어머니의 고통은 다양하게 나타나고 있다. 인용한 시에서 어머니의 삶이란 누에고치 속에 갇힌 고통스런 삶이다. 평생 집 한 채도 짓지 못한 어머니와 누에의 집은 선명한 대조를 이루면서 어머니의 가난에 대한 고통을 부각시킨다. 누에가 집을 짓고 실을 뽑아내고 그 실이 비단이 될 때까지도 어머니는 집도 하나 마련하지 못했다. 가난의 고통 속에서 살아야 했던 어머니는 이제 누구도 면회가 되지 않는 닫힌 공간에서 고독한 여생을 보내고 있다. 시적 주체는 그 어머니의 삶 속에서 고통의 시간을 체험한다. 어머니의 고통을 주체의 고통으로 끌어들이고 있는 것이다. 시적 주체는 누구도 면회가 되지 않는 곳에서 세월을 보내고 있는 어머니의 모습에서 고통의 본질을 발견하고 있는 것이다.

가난에 물려본 짐승이면 안다
신용불량자는 무섭다는 걸
아버지를 중환자실 비싼 침대에 눕혀놓고
동생은 주유소 아르바이트 보내고
꼬박꼬박 이자에 이자가 붙는
사채업자보다 무서운 짐승이다
심장을 물어뜯어 팔딱거리게 하고는
슬픔을 분양해주면서

행복은 카드 무이자 할부는커녕
부은 몸뚱이의 장기는 사주지 않는다
빚쟁이에게 쫓겨 다닐 때만 해도 그렇다
이삿짐은 번번이 지하에 가둬 놓아야 하고
전화기는 꺼져 있어야 한다
비가 오면 쉬어야 하고
햇빛 부신 날 일용직도 간당간당하면서
아버지 영정 사진 앞에서도
일당을 걱정해야 하는
불량딱지 몸뚱이 정말 무섭다.

-「태양의 뒤편 7」 전문

"가난에 물려본" 고통을 겪은 사람만이 진정한 고통의 의미를 안다. 신용불량자가 된 아버지, 그 아버지는 이미 "중환자실 침대에" 누워있고, 동생은 주유소에서 아르바이트를 하고, 이자도 갚지 못해서 "장기"까지 팔아야 하는 극한의 상황에까지 이른다. 이 처절한 가난의 고통 속에서 시적 주체는 "태양의 뒤편"에서 살아가는 사람들의 모습을 발견한다. 아버지의 영정 사진을 놓고도 울 수 없는 상황. 그것은 당장 먹고 살 일 때문에 눈물이 나지 않는다는 말과도 같다. 이 가난의 고통은 연작시 「태양의 뒤편」에 흐르는 기본 정조다.

그녀의 시가 출발하는 공간이 고통이라고 한다면, 그 도착점도 고통이다. 그녀의 시는 고통에서 출발하지만, 그 고통은 고통이 고통을 낳는 비극적 상황이 아니라, 고통을 극복하는 힘의 방편으로 작용한다. 시적 주체는 가난에 물려볼 정도로 고통을 겪었지만, 그 가난은 오히려 세상을 따뜻한 시선으로 바라보게 하는 힘이 되는 것이다. 지독한 고통을 겪고 나면 그것이 고통으로 받아들여지지 않듯이, 시적 주체는 가난의 고통을 고통으로 생각하지 않는다. 그래서 시적 주체는 소외받는 사람들에게 따뜻한 시선을 보내고 있는 것이다. 시적 주체가 세계에 초연한 자세를 갖게 되는 것도 더 이상 떨어질 수 없는 곳에서 세계를 보고 있기 때문인 것이다.

신체의 일부인 장기까지 팔아야 할 극한 상황에 도달했을 때, 그야말로 가난의 고통이 바닥에까지 이르렀을 때, 이미 자신의 고통을 넘어서는 자리에서 새롭게 고통을 바라볼 수 있는 힘이 생기는 것이다. 시적 주체는 이러한 역설의 방법으로 세상을 보고 있는 것이다. 그녀의 시에서 시니컬한 풍자의 방법이 보이는 것도 고통을 극복하는 시적 방법론이라고 할 수 있다.

그녀의 시에서 시적 주체의 가난 체험은 소외된 자에 대한 따뜻한 시선으로 이어지고 있다. 그들은 농촌에 있는 사람, 도시의 변두리에 살아가는 사람들, 도시 속에서 소외된 사람들이다. 자식들은 모두 도시로 떠나고 시골에 혼자 남아서 남은 세월을 죽지 못해 살아가는 사람들이고 일일 노동자로서 힘겨운 삶을 살아가는 사람들이다.

숫골엔 재수 없이 둘이만 산다
광대뼈 골 높은 서황댁이랑
뻐드렁니도 없어 밥알 녹여먹는 모동댁이랑

앙살스런 과부 이가 서 말이라고
서황댁 흉보는 모동댁
마늘밭 고랑에서 무릎 시리다 푸념하고
모동댁 아들 없다 무시하는 서황댁
박힌 우물 차지하고 파뿌리 다듬는다
솟골에
솥단지 하나씩 걸어놓고
바람소리에 개 짖으면 서황댁
이민 간 아들 같아 삽작문 밀어보고
구름 내려앉아 도둑고양이 처마 밑 기웃거리면
모동댁
미운 척 밥 한 술 던져준다
아랫동네 염쟁이영감 새끼 꼴 힘이라도 남아 있을 때
죽어야 한다고
속없는 아랫배에 쪼글쪼글한 말 집어넣고
서황댁 모동댁
먼저 죽기 내기한다
메아리도 꼴딱 넘어가지 않는 솟골
서황댁 모동댁
징글징글 산다.

―「솟골」 전문

"솟골"이라는 공간도 이러한 주변부 사람들이 겪는 고통의 공간 중의 하나이다. 이곳에는 소외된 두 과부가 살고 있다. 서황댁과 모동댁은 서로 무시하면서 살아가지만, 그래도 두 사람은 동병상련의 마음으로 서로를 위로한다. "메아리도 넘어가지 않는" 그 솟골에서 서황댁과 모동댁은 서로 "징글징글" 살아가고 있다. 시적 주체가 서로서로 위로하면서 살아가는 이들의 모습에서 고통을 극복하는 진정한 삶의 의미를 발견하고 있는 것이다. 시적 주체의 눈에 비친 두 과부의 삶은 신산하기 그지없지만, 그렇다고 외롭거나 고독해 보이지 않는 것이다.

그녀의 시집에 나오는 서민들은 가난에 찌들려 살아가는 것이 아니라, 그들 나름대로 그 고통을 운명처럼 받아들이면서 살아가고 있다. 소프라노 빵집 아줌마처럼 자주 부부 싸움을 하고 더러는 남편에게 맞아서 "허벅지에 시퍼런 스프링 자국"이 남을 정도로 폭행을 당하기도 하지만, 언젠가는 "노릇노릇 잘 구워진 공갈빵처럼/듬성듬성 통깨 같은 아이의 웃음을 핑계 삼아/삶을 빵빵하게 발효시키고 있는 건 아닌지/혹시 모르겠어요."(「소프라노 빵집」)라는 말로 위안을 삼고 있는 것이다. 그들은 힘들고 고통스러운 삶을 살고 있지만, 그 고통 속에는 건강한 희망이 존재하고 있는 것이다. 인력시장에 나가는 서민들은 고통의 삶을 살고 있지만, "바람이 술잔 위를 출렁거려도/자, 우리 남아있는 온 생을 위하여/건배!"(「태양의 뒤편 1」) 할 수 있는 여유가 있는 것이다. 그녀의 시가 고통을 극복하는 힘이 있다는 것은 이러한 건강한 희망의 싹들이 곳곳에 있기 때문이다.

그런데 고통의 문제를 말하면서 지나칠 수 없는 것은 시적 주체가 서민들의 고통스런 삶을 바라보는 시선의 뒤에는 시적 주체의 내면적 고통이 자리 잡고 있다는 것이다. 연작시 「태양의 뒤편」은 이러한 시적 주체의 내면적 고통을 잘 보여주고 있다. "태양의 뒤편"이라는 시 제목은 그 고통을 상징한다. "태양"은 밝음, 뜨거움, 열정을 상징한다. 그런데 그 태양의 "뒤편"을 바라보는 행위는 밝음의 뒤편을 바라본다는 것과 같다. 밝은 곳을 보면서 뒤편을 생각하는 것. 이것은 고통 속에서 평화를 바라보는 것과 다르지 않다. 밝음 속에는 항상 어두움이 동시에 존재한다는 인식. 이러한 역설의 방법은 고통의 극단에 놓인 것이 평화라는 주체의 인식이라 할 수 있다.

> 자궁에 꽃이 피었다고
> 의사는 초음파기만 바라보고
> 나는 물방울무늬 치마만 물끄러미 내려다본다
> 물소리 출렁인다
> (시들어도 떨어지지 못하는 꽃은 슬플까)
>
> 수술대에 누웠다
> 흑점처럼 까만 회전등이 보인다
>
> 올라가면 늦게까지 고드름을 키우는 임대아파트
> 여섯 살 딸과 팔순 노모
> 이제는 내 아이가 된 죽은 시동생 아이들이
> 근심을 기워대는 재봉틀 소리에 졸고
> (뿌리는 태양의 반대쪽으로 자란다)

내려가면 햇살이 비껴가는 음지 모퉁이
어쩌다 여기에다 뿌리를 내렸는지
가시에 찔린 시뻘건 겨울
떨어진 꽃잎이 파르르 떨고
(고드름은 태양의 반대쪽으로 자란다)

–「태양의 뒤편 3」 부분

이 시는 시적 주체의 내면적 고통을 잘 보여주고 있다. "자궁에 꽃이 피었다"는 것은 시적 주체의 고통이지만, 그 수술을 끝내고 집으로 돌아가면 임대아파트에 여섯 살 딸, 팔순 노모, 죽은 시동생의 아이들까지 함께 살아야 하는 고통스러운 현실이 있다. 이 때문에 시적 주체가 바라보는 세상의 모든 풍경은 "태양의 뒤편"과 같이 고통스러운 것이다. 그녀의 시가 고통의 문제에 결코 자유롭지 못하다는 것은 이러한 고통의 현실과 그 고통의 현실에서 살아가야 하는 시적 주체의 운명 때문이라 할 수 있다. 올라가면 고통스러운 현실이 있고, "내려가면 햇살이 비껴가는 음지 모퉁이"가 있는 이 끝없는 고통의 연속성 때문에 시적 주체의 현실에 대한 인식은 "가시에 찔린 시뻘건 겨울"처럼 처절하기만 할 뿐이다. 그래서 시적 주체는 태양의 전면에 있는 것이 아니라, 태양의 뒤편에서 "떨어진 꽃잎"처럼 파르르 떨고 있는 것이다.

후두, 후두둑 구름이 떨어졌다 돌풍이 지붕을 핥았다 산은

움찔움찔 소름을 뱉었다 월남전에 두 팔을 떼어준 할아버지 초점 없이 튀어나온 눈이 팽그르르 돌아 새둥지로 날아갔다 짝짓기 하던 개구리도 울음을 멈추었다 걸러지지 않는 바람이 마을을 집어 올렸다가 투, 투둑…… 떨 · 어 · 뜨 · 렸 · 다

–「태양의 뒤편 5」 부분

연작시 「태양의 뒤편」에 나타나는 전반적인 분위기는 고통의 연속이다. 어딘지 모를 불안감과 고통스러운 풍경이 시의 전경全景을 억누르고 있다. 소름끼치는 산, 돌풍을 몰고 오는 구름, 짝짓기 하던 개구리도 울음을 멈추는 적막한 고통만이 이어질 뿐이다. 그 마을에는 그야말로 걸러지지 않는 불안감과 함께 고통만이 자리 잡고 있다. 「태양의 뒤편 6」은 사막과 같은 공간에 놓인 시적 주체의 처지가 놓여 있는데, 그 공간에서 길을 찾지 못하고 서성대는 고통스러운 자아가 있다. 여기에서 시적 주체는 이 절체절명의 공간을 벗어나기 위해서 시를 쓴다고 고백한다. 현실 공간도 불안하고 고통스럽지만, 시적 주체의 내면에 자리 잡은 자아의 모습도 불안하고 고통스럽기만 하다. 그래서 시적 주체는 스스로 떨어진 꽃잎과 같은 존재로 인식하고 있는 것이다. 이러한 철저한 내면적 고통의 인식은 시를 통해서 자아를 발견하고, 고통을 극복하는 방편으로 작용하고 있다. 시적 주체가 시를 쓰는 궁극적인 이유는 "사막 속에서 길을 잃지 않기 위해서이고, 사막의 모래바람에 묻히지 않기 위한 행위이다"라고 말하는 것은, 시적 주체는 고통을 극복하는 하나의 방편으로 시를 선택하고 있다는 사실을 반증하고 있

는 것이다. "바퀴벌레에게까지 임대료"를 받고 싶을 만큼 힘든 가난(「태양의 뒤편 8」)의 고통 속에서 아버지는 중환자실에 입원해 있고, 집은 온통 딱지가 붙어서 쫓겨나야 하는 상황에 놓여 있다. 그래서 시적 주체는 집에 도둑이 오면 임대아파트에 끼여 있는 자신을 데려가라고 하소연하고 있는 것이다. 이처럼 고통스러운 현실에 놓여 있기 때문에 그녀의 시에는 항상 "얼룩얼룩한 슬픔이 싸르르" 맴돌고 있는 것이다.

고통은 그녀의 시를 이루는 근간이 되고, 시적 지평이 확장되는 기원이 된다. 고통의 기원은 가난에서 비롯하고 있지만, 그 고통은 확장되고 변용되어서 이웃의 고통을 시적 주체의 내면으로 끌어들이는 데까지 나아간다. 이 때문에 그녀의 시는 '고통의 현상학'을 잘 보여준다고 말할 수 있는 것이다. '고통의 현상학'은 그녀의 시가 출발하는 공간이면서 그녀의 시를 규정하는 하나의 준범이라 할 수 있다.

3. 고통을 극복하는 시적 방법론

이 '고통의 현상학'은 시적 방법론으로까지 나아가고 있다. 그녀의 시는 오후의 풍경화처럼 세상을 관조하고 있는데, 이는 고통을 시적 주체의 내면으로 끌어들이기 위한 시적 방법론이라고 할 수 있다. 오후 시간은 오전 시간만큼이나 긴박하지 않다. 그렇다고 밤의 시간만큼이나 여유있는 시간도 아니다. 오후 시간은 나른하면서도 조밀하게 대상을 관찰할 수 있는 시간이다. 그만큼 느슨하지만, 그 느슨함은 대상을 보다 세밀하게 관찰할 틈을 부여한다. 그녀의 시가 오후의 풍경을 보여준다고 말할 수 있는 것은 그만큼 대상을 보는 시선이 완만하면서도 치밀하다는 것이다. 도시의 주변을 둘러보는 시들을 읽으면 평화롭고 아늑한 느낌마저 들 정도다. 이것은 앞에서 보았던 그 고통스러운 삶의 현장과는 사뭇 비껴서 있는 느낌이다. 마치 고통의 현실을 벗어나 다른 세계에 자신을 맡겨놓고 있는 것처럼 보인다.

구불구불 오다가 멈춰 선 여기
신호등이 좀처럼 바뀌지 않는다
희미한 이정표엔
직진하면 신라로 가는 길이라 하고
가야가 사라진 낙동강 갈대밭으로도 이어졌다 한다
좌회전 신호 끝에는
여섯 옹주를 낳았던 왕비가 한 맺혀 불어놓은 입김처럼
안개에 젖은 도시가 있다고
그곳엔 오래전 이 도시를 다녀갈 때
걸음이 느리면 역사 속에 남겨 놓고 그냥 가버린다던
유적을 안내하는 여자가 산다
우회전 신호 옆
수레바퀴 굴리는 토우 그림집엔
가야금 열두 줄로 우륵이 위로하던 왕비는 없고
탬버린을 흔들며 여자가 일한다

여자의 가슴 아래 배불뚝이 전광판
분분한 설화가 썰물에 씻겨가다가
소라 몸속으로 숨을 때
어느 입 큰 사람이 초장도 찍지 않고 꿀떡 삼킬 듯한
횟집 광고가 한창이다
노란 신호 아래 바쁜 듯 生을 건너는 사람들
마흔이 지나도록 길을 정하지 못하고 망설이는 사이
정적 소리가 설익은 가야를 누른다
부록 같은 오후가 휘청거린다.

－「가야교차로」 전문

교차로는 각기 다른 방향으로 가는 사람들이 모이는 곳이다. 따라서 그곳에는 사람들이 붐빈다. 이 시의 시간 배경은 오후이다. "마흔이 지난" 시적 주체와 오후의 도시 풍경은 마치 교차로에서 서로의 존재를 확인하는 것처럼 동일시된다. 교차로에서 어디로 갈지 모르고 서있는 시적 주체의 모습과 "노란 신호 아래" 바쁘게 움직이는 사람들은 극렬하게 대비된다. 도시의 교차로 한켠에서 시적 주체의 존재를 발견하려는 느린 발걸음은 세계와 맞서 있지만, 그 행보는 여유롭게 보인다. 이 시에 보이는 오후의 도시 풍경은 평화로운 정경 그대로이다. 살아가는 일이 고통스럽고 힘겹지만, 사람들은 교차로에서 모두 어딘가로 향하고 있다. 그 속에서 놓여 있는 시적 주체는 길을 찾지 못하고 서성대고 있다. 도시의 오후 풍경은 고통스러운 삶의 현장에서 한 발자국 물러나서 "부록"과 같이 덤으로 존재하고 있는 것이다.

기와집 낡은 텃밭에
토막 난 벚나무
나이테를 잃고도 용케도 살아
한쪽으로만 잎을 내리고 있다

그 아래
노모가 쪼그려 봄볕을 뜯고

벚 · 꽃 · 길 · 철 · 길 · 로 · 기 · 차 · 는 · 천 · 천 · 히 · ……

—「경화역」 전문

봄날의 풍경이 환하게 다가오면서도 그 화면은 "천 · 천 · 히" 지나가고 있다. 때문에 화자의 시선에는 "토막 난 벚나무"가 보이고, 그 나무가 용케도 살아남아서 봄날 벚꽃을 피우고 있는 장면도 보이는 것이다. 그 아래 노모가 봄볕을 쬐고 있는 장면은 평화롭기만 하다. 그 길을 달리는 기차도 느리게 지나간다. 기차역 주변의 나른한 봄날의 풍경이 정겹게 다가온다. 도시라고 하면 바쁘고 빠르게 지나가는 풍경을 떠올리지만, 시적 주체의 시선에 포착된 도시의 풍경은 느리고 완만하기만 하다. 「경화역」은 도시 속에서 발견하는 평화롭고 고요한 정적인 공간을 상징하고 있다.

그녀의 시에서 고통을 극복하는 또 다른 시적 방법론은 세상을 보는 따뜻한 인식에 있다. 가난의 고통을 견디어내는 방법은 역설적이게도 세상을 사랑하는 것이다. 그녀가 세상을 보는 시선이 남다르게 느껴지는 것은 이러한 긍정의 힘 때문이다. 고통 속에 피어나는 것은 비단 벚나무만이 아니다. 「동백꽃」에는 "심장에 빨간 꽃"이 피어나듯이 희망의 메시지가 존재한다. 대상을 보는 눈이 긍정적이고, 희망적이라는 것은 "오래도록 십자가 가슴에 피어있는 꽃, 하많은 세월이 흘러도 시들지 않는, 내 몸 깊숙이 살아있던 바로 그 꽃"을 가슴에 간직하고 있기 때문일 것이다.

쥐똥나무 울타리 아래
아직 잔설 분분한데
쨍그랑, 할머니들
10원짜리 다보탑에 둘러앉아
쨍그랑

바람기 묻은 매화꽃 꼭 쥔 101호 할머니
등거리에 햇살이 굴러 내리도록
난초는 놓지 않는 402호 할머니
더 탕진할 것도 없는 쭉정이 쌓아놓고
모오리돌 오물오물 굴린다
906호 할머니

밥 때 지난 신도시 옆구리에 끼인 채
흔들흔들
生을 조등처럼 걸어놓은 봄.

-「간이공원」 전문

이 시는 생을 조등처럼 걸어놓은 할머니들이 쥐똥나무 울타리 아래 모여 화투놀이를 하는 장면이다. 초봄의 한가로운 공원의 정경이라 할 수 있다. 인생은 간이공원과 같이 지나가는 한 풍경일지도 모른다. 이 시는 이런 발상으로 세상을 새롭게 보고 있는 것이다. 이러한 역설의 방법은 세상을 초극하는 시적 방법론이라고 할 수 있다. 「금의암」에서 세상의 고통을 잊고 살아가고 싶다고 말하는 것은 이러한 인식과 무관해보이지 않는다. 그녀의 시에서 인간의 풍경은 더러는 덧없는 행위로 비치기도 하고, 더러는 삶의 궤적들이 고만고만한 것들로 보이기도 한다. 이를테면, 「우주인의 동창회」에서 만난 사람들의 풍경은 모두 고통 속에 살아가는 존재들로 보인다. 그렇다고 그들의 삶은 절망적이지 않다. 그들의 삶에서 인간 풍경의 참된 모습을 발견하기도 하는 것이다. 고통을 극복하는 시적 방법론은 긍정의 힘이라고 했는데, 이 긍정의 힘은 풍자와 해학과 같은 우회적 기법과도 닿아 있다.

기름 값 오르고 뽕, 쌀값 오르고 뽕, 아래층에서 바퀴벌레 올라오고 앞집 남자 바람나고 뽕, 꽃은 환장하고 뽕, 뽕, 때리기도 전에 뽕, 내려가는 건 없고 뽕, 헐레벌떡 부동산 예쁜이이모 뽕,

증권회사 뿅, 빨건 불이 뿅, 올라오고 뿅, 뿅, 횟집 수족관에 숭어도 따라 뿅, 망치 잡고 뿅, 맞아도 내려가지 않는

세상은 때릴 것이 많아, 맞기 전에 다투어 뿅, 뿅, 목련에, 개나리에, 벚꽃에, 뿅, 뿅, 뿅, 어쩌자고 뿅, 감출 수 없는 나이도 따라 뿅, 오르고 뿅, 뿅

맞지 않아도 내려가는 탱자나무 울타리집 할아버지 봄만 풍맞아 구멍 속을 파고드는

게임 끝난 점수판에 빨건 불이 뿅…뿅.

–「두더지 게임하는 봄」 전문

이 시의 풍자성은 이번 시집에서 가장 두드러지게 보인다. 흔히 접하는 두더지 게임에서 세상의 모든 일들을 하나하나 풍자하고 있다. 큰 사회적 분위기뿐만 아니라, 작은 주변의 일들까지도 세세하게 풍자하고 있다. 「파리의 항변」에서 이곳저곳 다니면서 온갖 똥을 전파하는 파리보다도 더 못한 존재가 인간이라고 말하듯이, 이 시는 인간들에 대한 푸념을 적나라하게 보여주고 있다. 이 시는 고통의 순간을 극복하는 방법론으로 풍자의 기법을 사용하고 있다고 할 수 있다. 풍자는 세상을 보는 비판적 정신이지만, 그것은 어디까지나 세상을 긍정적으로 바라보는 것이라고 할 수 있다. 그녀의 시는 이런 풍자의 정신을 시적 방법론으로 끌어들이고 있다. 이는 고통을 극복하는 긍정적 힘이라 할 수 있다.

이러한 풍자성과 함께 그녀의 시에서 간과해서는 안 되는 것으로 실험성이 강한 시들을 들 수 있다. 「나비잠」 「단물 빠진

봄」에 보이는 실험성은 시적 방법론의 새로운 지평을 열어 보이는 것이라 할 수 있다. 「나비잠」에서 시행의 배열을 팔과 다리를 벌리고 편안하게 잠들어 있는 사람의 형상을 묘사한다든지, 「단물 빠진 봄」에서 행의 구조를 배열한다든지 하는 기법은 실험성이 돋보이는 부분이다. 이러한 실험성은 풍자를 담은 시들과 함께 그녀의 시적 진폭을 확장시켜주는 계기가 될 것이다. 그렇다고 지나친 기교주의를 지향하라는 말은 아니다. 풍자와 실험성은 고통을 극복하는 시적 방법론의 하나로 인식해야 할 것이다.

4. 시적 지평의 확장

유행두의 시에서 시적 주체의 고통은 세계와의 불화에 그 연원을 두고 있지만, 그 고통은 쉽게 내면적 고통으로 변환된다. 그것은 시적 주체가 고통을 자아의 내면으로 끌어들이고 있기 때문이다. 타자의 고통은 시적 주체의 고통이기도 하다는 것이다. 이러한 대타적 사랑은 가난을 겪은 시적 주체의 타자 인식 과정에서 일어나는 종교적 숭고주의와도 같다고 할 수 있다. 이러한 숭고주의 태도는 시적 주체가 내면적 고통에 대해 너그러우면서도 타자의 고통에 대해서는 민감하게 반응하게 한다. 그녀의 시에서 고통은 그녀의 시가 출발하는 공간이자, 동시에 새로움을 모색하는 공간이기도 하다. 그녀의 시를 고통의 문제에서 출발한다고 하는 것은 가난의 체험과 그 가난으로부터 발생하는 다양한 현실문제와 무관하지 않아 보인다. 그녀의 시에서 고통의 근원은 가족의 가난, 과거의 어두운 기억으로 유추되고 있다. 그 고통을 극복하는 시적 방법론은 세상을 보는 따뜻한 시선과 풍자, 실험성이라 할 수 있다.

서정시는 고통과 슬픔, 행복과 아름다움 따위를 타인과 나누는 행위이다. 타자에 대한 사랑, 소외되거나 버림받은 존재들에 대한 끝없는 관심과 사랑이 서정시가 지향해야 하는 하나의 길이라고 한다면, 그녀의 시는 이 고통의 길을 가고 있는 것이다. 서정시야말로 세상의 고통과 어둠을 피하지 않으면서 그 고통을 받아들이는 것이며, 그 고통 속에서 신음할 수 있어야 한다. 때문에 서정시는 인간 존재의 고통을 외면하지 않아야 하며, 오히려 그 고통을 자신의 내면으로 끌어들여서 녹여내야 한다.

고통의 순간과 함께하는 그녀의 시는 서정시의 본질을 추구하고 있다고 할 수 있다. 서정시는 시적 주체와 타자의 대립 구도 속에서 자아를 찾아가는 숭고한 정신을 바탕으로 하고 있다. 서정시가 자아의 문제에 천착하는 까닭도 끊임없이 시적 주체와 타자의 관계 속에서 진정한 자아를 찾으려고 하기 때문이다. 그녀의 시는 타자를 고통의 시선으로 바라보고 있지만, 그 고통을 내면화하는 시적 방법론을 취한다. 그녀의 시는 고통의 현상학을 보여주지만, 어디까지나 그 고통은 고통의 문제로 끝나지 않고, 고통을 극복하고 삶의 활기를 충전시키는 방향으로 나아가고 있다. 따라서 그녀의 시는 최근의 '서정시'와는 다른 독특한 시적 지평을 열어가고 있는 것이다.